絵で見る
日本のエネルギー
エネペディア

エネルギー・エコノミスト
サイエンス・コミュニケーター

箭内克寿
や　ない　かつ　とし

JN255422

みらいパブリッシング

はじめに

　1973年、アラブのイスラエル攻略戦略として、石油禁輸が発動されました。それは、世界経済に大きな衝撃を与えます。「石油危機（オイル・ショック）」です。とりわけ日本にとってはそのエネルギー源を断たれることとなるため、市民の混乱を招きました。

　日本は経済・生活を支えるエネルギーのほぼ全量を、海外からの輸入資源に依存しています。当時、そのエネルギーの根幹はアラブ産油国からの石油でした。そこで、日本は省エネに邁進するとともに、原子力発電に舵を切ります。フランスも国家安全保障の基本として、原子力発電を基盤とした経済運営に入ります。

　それから、数十年を経て「フクシマ」、2011年の東日本大震災による福島第一原子力発電所の崩壊と放射線の拡散です。日本はそのエネルギー確保の基盤を根本から考え直すこととなります。

　かつて「ジャパン・アズ・ナンバーワン」と称賛された日本は、国際問題論者からは、もはや衰退する国家として、世界秩序を主導するステーク・ホルダーの構成員から外されかけてきています。エネルギーを自力で確保する策を持たないためです。

　日本は海洋国であることの認識に欠ける面が見られます。例えば、国際海洋法に疎く、その政治判断は甘いのではないでしょうか。加えて、国境問題への対応がスマートではありません。南シナ海の囲い込みにも打つ手が見えませんし、シーレーンについての国民の関心は薄いと見られています。

　エネルギー安全保障の観点から、日本の課題、世界での立ち位置を再確認して、国を運営することが肝要です。それには、日本のエネルギー環境を国際的視点から見通した確固たる信念による行動が求められています。

　私は政府系の国際金融機関において、長年にわたり、流動する国際政治と世界経済の中で、日本のエネルギーの確保に携わってきた経験から、本書をそのことを考えてもらう礎にとまとめました。要

点は、「エネルギーバランス・フロー」を地政学的視点を踏まえて
読み解くことによって明らかになるでしょう。

箭内克寿

本書の目的と使い方

＊本書はエネルギー問題の初心者でも、より感覚的にエネル
　ギーについて理解できるよう、各テーマにイラストを挿入
　しています。エネルギーとは何か、は細かい数字やデータ、
　グラフなどを見ても分かりません。まずは視覚的にとらえ
　ることで、エネルギー問題をより身近に感じてください。
　（イラスト内の数字は「エネルギー白書」「EDMC エネル
　ギー・経済統計要覧」を参照しています。）

＊各コラムは、皆さんが日頃気になっているエネルギーの疑
　問に対して、筆者が回答しています。

＊筆者の要望により、数字は読者に分かりやすいよう、丸め
　た形で掲載しています。より細かな数字を確認したい方は、
　経済産業省が毎年公開している「エネルギー白書」をご覧
　ください。

幕をあけよう
絵解きエネルギーバランス

　日本のエネルギーバランスを読み解いてみましょう。

　私たちの暮らしを支えるエネルギーの色々なことについて考えるきっかけになると思います。

　まず皆さん、「エネルギー」の語源についてご存知ですか？

　エネルギーの存在は、古来、哲学的思考の中で育まれてきましたが、科学的な概念として確立するのは、産業革命における蒸気の活用に続く一連の技術展開のあと、1850年代になります。ニュートンの時代にはエネルギーは確認されていないのです。

「エネルギー」という用語は蒸気タービン研究のランキンが提唱したといわれています。アクティビティを意味するギリシャ語から名付けられたそうです。熱力学発展の基本的概念で、国際的には「エナジー」と発声されます。

　そもそもエネルギーとはいったい何でしょうか？

　エネルギーは色々な場面で、様々な色合いで使われています。その基本は熱力学にあります。科学的にはしっかりとした定義がありますが、私たちが広く暮らしの基礎を支えるエネルギーのことを考えるには、**何らかの力を生み、環境に変化を起こさせる源となるもの**と思って良いでしょう。その力は仕事量で測られます。国際単位は「J（ジュール）」ですが、「kcal（キロカロリー）」や「W（ワット）」、時には「hp（馬力、ホース・パワー）」で表されます。

　世界的な理論物理学者であるアインシュタインは、

エネルギー（E）＝質量（m）×光速度（c）^{2}

と確証しました。ちなみに、真空中の光速度は 299,792,458 m／秒。なお、地球の赤道半径は 6,378,137 m です。ここからも分かる通りエネルギーはすさまじい力を持っています。

　またエネルギーについて、科学者であり、科学小説家でもある、

アシモフはこのようなことを言っています。

〝熱、光、電気、磁気、運動、音、化学反応、原子力。これらはみな、本質的にエネルギーである。〟

〝ガソリン・エンジンは、空気の薄い高地では効率が落ちる。南米アンデス山脈のチチカカ湖では、車もモーターボートも、出力は三割減。〟

〝地球に当たっているのは、太陽の放出しているエネルギーの二十億分の一。しかし、その数日分は、地球上の石油、石炭、木をすべて燃料にしたのとほぼ同じ。〟

（アイザック・アシモフ『アシモフの雑学コレクション』より引用）

　エネルギーについて少し興味が湧きましたか？

　さあ、今こそ「絵解きエネルギーバランス」の幕をあける時です。エネルギーバランスを読むと、エネルギーの供給と消費の実態が一望に把握できます。

　まず表紙の裏にある、エネルギーバランス・フローを、左手から右手へと見ていきましょう。

　左手の「一次エネルギー国内供給」は **20,059** です。右手の「最終エネルギー消費」は **13,558** です。この差、**6,500** は「一次エネルギー」を最終消費に向けるための「二次エネルギー」に転換する時に発生した損失などです（すべて単位は10^{15}J）。32％が熱などに逃げています。

　この表は世界でも同じように作られていますので、世界との比較もできます。我が国では担当官庁によって毎年作成され、公表されています。エネルギー問題の現状を理解し、またその年の推移を把握して、将来のエネルギーの姿を考える糸口となりましょう。

絵で見る日本のエネルギー

エネペディア　目次

第 2 章

エネルギーを使いやすくする : 二次エネルギーへの変換 ……69

第 3 章
供給：電力、都市ガスなどを 私たちに届ける

絵で見る 日本のエネルギー

エネペディア

我が国のエネルギーバランス・フロー概要

 カバーの裏に大きな
カラー版があります。 （単位：10^{15} J）

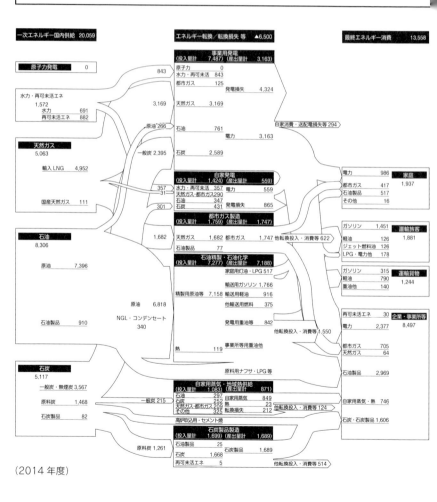

（2014 年度）

第 1 章

エネルギーのもと：一次エネルギーの入手

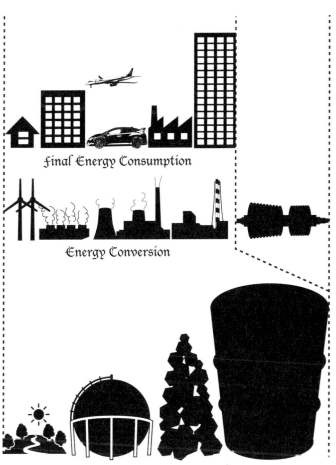

Final Energy Consumption

Energy Conversion

Primary Energy Supply

1 原子力：発電のための水蒸気を作るもと・ウラン

　原子力は、ニュークリア（原子核）・パワーの訳語です。原子核は陽子と中性子から成り、質量のもととなっています。

　原子力発電では、まずウランを濃縮して反応性の高い燃料となるペレットを作ります。ウラン鉱石から発電のための燃料ペレットを作るプロセスでは、遠心分離機などに電力を使います。

　作ったペレットを大量に束ねて、低速の中性子を起爆因子として、連続する原子核分裂を起こし、その時に放出される熱で水蒸気を作ります。その水蒸気の圧力で、蒸気タービンを回し、連結する発電機によって、電力を生み出します。

　日本は原子力発電をベース電源としてきましたが、福島第一原子力発電所事故を境に見直しを迫られており、2016 年現在、ほとんどの原子力発電所が止められています。しかし、福島第一原子力発電所事故以前の原子力の利用は、発電の燃料としてですが、一次エネルギーの 12％ほどを占めて、ベース電力として運転されていました。

　世界では、ヨーロッパの一部に、原子力発電への依存を抑える動きがありますが、アジアなどではなお促進の勢いは止まっていません。

　アメリカでは、第二次世界大戦の終盤に、日本国民の戦意を打ち砕くため、最先端の物理学を研究している学者を総動員して、原爆の開発が行われ、広島・長崎の悲劇を生み出しました。最近の検証では、トルーマン元大統領の真意はロシアの世界進出を阻止する、対露戦略であり、東洋の悪魔に実践するのに人間的配慮は無用との判断であったとされています。ブッシュ元大統領の言葉にも通じるものがあります。

　日本は平和利用に徹してきましたが、原爆の製造と保有は、大国を中心になお続いています。今は地上の核実験は押さえられていますが、フランスがかつて最後の実験場としたのは、あのゴーギャンの愛したタヒチのムルロア環礁でした。今でも、北朝鮮の動きなど不穏な情勢は残っています。

Nuclear power plant

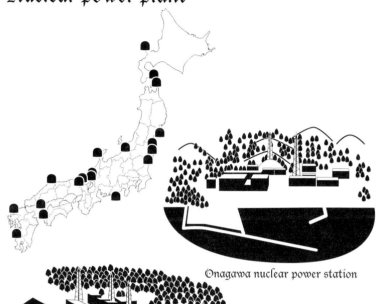

Onagawa nuclear power station

Fukushima Daiichi nuclear power plant

Sendai nuclear power plant

なぜ福島第一原子力発電所事故は起こった？

　日本は石油危機を受け、安全で安定した電力供給を図るため、原子力発電をベース電源として採用してきました。首都・東京を支える東京電力の基幹原子力発電所の一つが福島第一原子力発電所です。その発電所が東日本大震災の直撃で破壊されました。大地震に伴う大津波で、オペレーション電源が水没し、核分裂のコントロールが利かなくなったのです。東京電力の電気の一部はこの東北の地から、高圧送電で、消費地・東京に届けられていました。福島の地には東北電力の電気が送電されています。

　原子力発電の研究と実用化は欧米が先行していました。日本はアメリカから商業プラントを輸入。そのプラントを日本の技術で維持してきました。

　福島第一原子力発電所の一部は、建設当初から40年で耐用年数とされていましたが、良好に維持されたとの判断で、その年数を超える操業に入ったところでした。福島第一原子力発電所に入ったことはありませんが、同じく東京電力の基幹発電所となっている、柏崎刈羽原子力発電所を何度か視察したことがあります。建屋は地震に襲われることを配慮して建設されています。施設には様々な機器・配管が複雑に入り組んでおり、メンテナンスの苦労がうかがえました。

　原子力発電所のオペレートの基本は、中性子による核分裂の継続と燃料ウランの調整による発生熱量のコントロール、高温水蒸気の海水による冷却です。

　東日本大震災による福島第一原子力発電所の事故は、発電所をオペレートする電気が遮断して、これらの機能が断たれたことが原因とされています。この発電所は福島県の「浜通り」の海岸に建設されています。設計の基礎に大きな地震は組み込まれていましたが、大きな津波は「想定外」とされていたようです。浜通りより北の三

陸地方などでは、明治時代以降も、大きな津波の記録と経験があります。しかし近年、ここ福島の海岸地帯では、大津波の襲来はありませんでした。ところが、記録を詳<ruby>詳<rt>つまび</rt></ruby>らかに見ると、11000年前と400年ほど前に襲来していることが判明しました。

　原子力発電所の事故では、ロシアのチェルノブイリ原子力発電所のメルトダウン、アメリカのスリーマイル島原子力発電所の事故が大きなものでした。それらの事故は操作ミスが起因とされています。チェルノブイリの事故は西欧諸国などへ放射線が飛び散ったことからも、世界的な関心を呼びました。廃炉となり、今も、大きなコンクリートの「お棺」で封じ込められています。

　スリーマイル島の事故は大きなものとしない対応がありましたが、その後も処理は続いています。福島第一原子力発電所の廃炉と後処理はいまだ途上にあります。メルトダウンした原子力発電所からの放射線漏れがどこで終結するかは定かではありません。

　福島第一原子力発電所の事故では、その放射線の飛散ルートと範囲が、政府や東京電力で確実に把握できていないため、初期動作の弛緩と住民や国民、また海外からの人たちに大きな不安を与えました。海外の人たちの多くはいち早く日本から脱出しました。私の友人でもフリーな仕事をしている方々、とりわけ幼子を持つ人たちは、北海道や沖縄、さらに海外へと移りました。先日もある大使館の方々と話し、彼らは今は日本に戻っていますが、東日本大震災の経験をやはり「心から怖かった」と言っていました。

　欧米の人で地震を経験したことがある人は少ないようです。それに、原子力です。発電は「平和利用」とはいっても、原爆のイメージは拭えません。もちろん、構造と機能は違います。福島第一原子力発電所の場合も、私たちが目にする建屋の崩壊は、燃料棒被覆管の破壊による水素爆発によるものです。

原子力発電の
メリットとデメリット

　日本はなぜ原子力発電に舵を切ったのでしょうか。それは、往時の科学技術を前提とした限り、日本のエネルギー、とりわけ電力の安全で安定した供給には、それまでの主に石油を燃料とする火力発電では対応できないと判断されたことによります。なぜかといえば、石油はほぼ全量を輸入しています。それも、いまだに政治・経済が安定しているとはいえない国々に多くを依存しており、必要量を確保できるか不安があります。また、その価格にも見通しの立たない複雑なファクターを含んでいます。

　産業立国となった日本経済を支える経営者にとって、電力が止まることは死活問題ですし、そのコストが積算できないような事態は避けなければなりません。

　今でも、多くの途上国では、頻繁に停電があります。そのため、操業する工場などは可能であれば自家発電のある「工業団地」に入ります。

　先日もある国で、欧米のブランド品をそろえた大きな商業施設に入った途端、停電で真っ暗ということがありました。同じようなことが、ある街の近くの工場に視察に行った時もありました。

　また状況によっては貿易収支の赤字という、かつての悪魔が姿を見せるでしょう。

　筆者の若い頃は仕事で海外出張する時も、個別に大蔵大臣の外貨（ドル）枠認可が必要でした。基礎資材などの輸入のため、ようやく世界に羽ばたき始めた工業での稼ぎを、重点的に投入することが必要とされたからです。

　原子力発電の導入時には、高速増殖炉の開発によって、いわば自前の燃料を入手できるという思惑がありました。今の原子力発電は燃料のウランが発電によって消耗しますので、適時に補充する必要があります。高速増殖炉による原子力発電所では、中性子を減速さ

せることなく、高速で核分裂を進めて熱量を得るとともに、理論上、プルトニウムの生成が可能となります。プルトニウムも核分裂の作用に用いられます。つまり、ウランを投入して、プルトニウムを得ることができるので、海外からの燃料の購入をその分抑えられるのです。ただ今のところ、このプロセスは商業化のめどが立っていません。青森県の六ヶ所村にある施設をどう活用するかは不透明な状態です。なお欧米などからは、プルトニウムを日本に持たせるのは危険だとの圧力もあるとも聞いています。ちなみに、「国連」の「敵国条項（日本、ドイツなどに適用）」はいまだ削除されていません。

　原子力発電でも燃料のウランを全量輸入していますが、政治・経済の安定した国々から輸入できます。価格もある程度は見通しが立てられます。また、原子力発電所の建設やオペレートでは、日本の技術陣の力は相当に評価されているようです。先進国の原子力発電は、ヨーロッパを中心に見直しが進められています。最大の保有国であるアメリカでも新設は止まっています。しかし途上国では、今も原子力発電への期待が強まっています。やはり安定性に懸けているのでしょう。中国や石油産出国などでは強い期待があり、日本も原子力発電所の輸出でそれに応えようとしています。毎秒数千回転するタービンを年中故障なく操業するには、かなりの精度が求められます。その中で、北海道にある鉄鋼メーカーのタービン軸受の性能は世界的に評価されており、多くの発電プラントで採用されています。

　おりしも中国主導の「アジアインフラ投資銀行」がスタートしましたので、いずれ中国も乗り出すのではないでしょうか。先日、ミャンマーやラオス、ベトナムなどを訪れましたが、それらの国境まで中国からの高速道路が通じていました。国境にはカジノが開設され、若い中国人で賑わっているところもありました。

2 私たちのウランの輸入先・オーストラリアなど

　ウランはウラニウムの略語です。原子量は238、融点は1,132.3℃、沸点は4,172℃。銀白色の金属です。1903年にノーベル賞を受賞した、フランスのA.H.ベックレルがウランとカリウムの硫酸塩から自発的に放射線が出ていることを確認しました。

　日本にウラン資源はありません。中国地方の山地にあると分かり探査しましたが、質・量ともに、産業での利用には適しませんでした。私も視察したことがあります。

　日本はオーストラリアを筆頭に、カナダ、カザフスタン（中央アジア）などからウラン資源を輸入しています。海水中にもありますが、あまりにも微量で、産業での利用には適いません。

　オーストラリアは様々な資源を豊富に持っている国で、ウランについては、日本が主な輸出先です。オーストラリアのウラン鉱山は露天掘です。ぼた山の処理についてなど課題があります。

　ウラン資源（鉱山）の適地は、2016年現在、オーストラリア、カザフスタン、ロシア、南アフリカ、カナダ、アメリカ、ブラジル、ナミビア、ニジェールなどです。それらも、今の技術では、60～70年で、その経済性を失うとされています。そのため、日本は高速（中性子によるウラン燃料）増殖炉に懸けてきました。

　今、劣化ウランの活用やトリウムのウラン化などの研究が進められていますが、道半ばのようです。核分裂性物質は陽子と中性子のバランスの不均衡な同位体に特有とされています。質量数で見ると大方奇数のものとなります。なお、核分裂のエネルギーは結合エネルギーの解放によるものです。アインシュタインはこれを定式化したのです。

Uranium

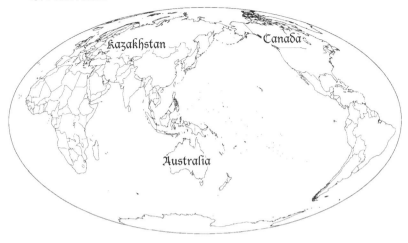

Secret Code   Uranium carrier

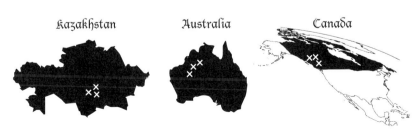

Kazakhstan   Australia   Canada

コラム 日本が命名権を獲得した "ニホニウム" って何？

　2016年6月8日、国際純正・応用化学連合（IUPAC）は2015年に日本が命名権を獲得した113番の新元素の新名称案「ニホニウム（元素記号はNh）」を発表しました。

　ニホニウムは、2004年に理化学研究所が線形加速器で創生した、研究用の人工元素。欧米以外の国が元素名をつけるのは初めてで、命名権獲得はノーベル賞より難しいと指摘する専門家もいます。歴史的な発見といっても差し支えないでしょう。

　元素は2016年現在、118あります。人工元素が続く直前の94番がプルトニウム（冥王プルート）、その前の93番がネプツニウム（海神ネプチューン）、その前の92番がウラン（天の神ウラヌス）です。これらの元素は銀色系の金属です。

　元素の1番が水素（ハイドロジェン：水のもと）、2番がヘリウム（太陽）で、両方ともガス体です。宇宙の誕生の時、まず、これらのガス体が存在したとされています。今の元素たちは、これらのガス体からの核融合などによる生成物なのです。3番手にあるリチウム（石）は、銀白色のやわらかい金属で、リチウムイオン電池を与えてくれています。原子番号は、その元素を構成する原子の中の陽子の数です。原子は陽子と中性子と電子からなっていますが、陽子が正の電荷、電子は負の電荷を持っています。中性子は電気的に中性です。元素を周期表で見ることによって、その化学的性質を特定できます。

　6番手には炭素（カーボン：燃える、木炭）が来ます。この元素の作る世界が有機化合物サークルです。私たちの身体もこの有機化合物で成り立っています。

　タンパク質や脂肪などは有機化合物です。石油や天然ガスも、もとはこの仲間といわれています。ダイヤモンドやカーボンナノチューブは炭素の同素体です。燃やせば二酸化炭素を生じます。炭

素は結合手を四つ持っており、同じ炭素やほかの元素と共有結合を作ります。そこから、様々な化合物が生じます。炭素は主に光合成で作られます。そのもとは水と二酸化炭素です。

　7番は窒素（ナイトロジェン：硝石のもと）です。空気のほとんどはこの気体です。タンパク質や酵素は窒素がないとできません。私たちの身体の中でも大きな割合を占めています。

　そして、8番手は酸素（オキシジェン：酸っぱい）となります。もともとは無味、無臭、無色ですが、容易に酸化物を作ることからの命名でしょうか。生命活動には不可欠の元素でしょう。成層圏で紫外線を遮ってくれるオゾンは酸素の同素体です。少し飛んで、20番にカルシウム（石灰）があります。銀白色の金属です。私たちの身体を作る重要な元素です。

　さらに進むと、26番に鉄（アイアン：古語から）があります。銀白色の金属で、この金属の活用が人類発展の基礎を築いています。次の27番コバルト（妖精）、28番ニッケル（悪魔）は銀（白）色の金属で、ステンレス鋼に使います。29番が銅（カッパー：キプロスから）です。少し飛ばして、38番がストロンチウム（土地の名から）となります。銀白色のやわらかい金属です。原子力発電所事故で問題となったのはこの放射性同位体です。47番が銀（シルバー：古語から）。53番がヨウ素（アイオダイン：紫色）。56番がバリウム（重いもの）。78番が白金（ノラチナ：銀の小娘）。次の79番は金（ゴールド：輝くもの）。キュリー夫妻のラジウム（放射するもの）は88番です。

　皆さん、時には周期表を目の前に置いて、この世界の成り立ちに思いを馳せてはいかがでしょうか。

ウラン爆弾と
プルトニウム爆弾の違いは？

　木々をかすめる風の音に、ふと我にかえる。十二時。ほんの数分、いや数秒であったかも知れない。彼の声が、語りかけ、論じ、笑った。そして、風に乗って、冬の空に消えていった。
（武藤宏一『沈めてよいか第五福竜丸』より引用）

　若くして逝った友の「遺稿・追悼集」に寄せたものの一節です。墓参のひと時の一瞬です。彼は、第五福竜丸が夢の島に放置されているのを目の当たりにして、新聞に「沈めてよいか第五福竜丸」を投書し、1968年3月10日の朝日新聞に掲載されました。これをきっかけに市民の輪が広がり、その保存運動は1976年、「第五福竜丸展示館」へと結実しました。投書の時は、26歳。癌との闘病の末、40歳でこの世を去りました。

　第五福竜丸の船員たちは、マーシャル諸島ビキニ環礁でのアメリカの水爆実験の放射線によって、厳しく苦しい日々を送ることになります。「水素爆弾による人類史上ではじめての被災」と、地球化学者であった三宅泰雄氏は言いました。

　1954年3月1日に太平洋でのまぐろ漁中に「死の灰」を浴びた無線長の久保山愛吉氏は、同年9月に亡くなります。時を経て、第五福竜丸は、東京のごみ処分場である「夢の島」にて朽ち果てようとしていました。

　原爆による「人類史上はじめての被災」は広島、長崎で起こりました。長崎を壊滅した原爆（アトミック・ボム）はプルトニウム爆弾です。プルトニウム239を8kg搭載した核爆弾（大きさはグレープフルーツぐらいといいます）を持っていました。その直前に、広島を襲った原爆は、ウラン235を60kg搭載したウラン爆弾です。

　広島の原爆が16kt（キロトン）（TNT火薬1万6千t相当の破壊力）、長崎の原爆が22kt（TNT火薬2万2千t相当の破壊力）

です。広島の市民の死者は 20 万人余、長崎の市民の死者は 9 万人余とされます。ともに 1945 年の夏に起きた、アメリカ軍の本土空襲による、市民を巻き込んでの無差別投下です。

　制空権を握った原爆搭載の大型航空機・B-29 に対抗する日本軍の戦力は皆無でした。また当時、日本は既に第三国を介しての終戦交渉の糸口を掴もうと努めていました。

　ウラン原爆では、ウランを爆裂させます。プルトニウム原爆では爆弾の外殻の中で、火薬によってプルトニウムを起爆装置（高性能のウラン爆縮レンズ）に急激に衝突させ、一瞬に連鎖反応を完了させます。それによって、爆風が生じ、熱線が放たれ、放射線が飛散し、人のコントロール能力を超える爆発となります。ウラン原爆に比して、プルトニウム原爆は強力です。

　水爆（ハイドロジェン・ボム）は水素を核融合させることで生じる強大な爆裂で、ビキニ環礁の水爆の破壊力は原爆をはるかに凌駕しました。

　アメリカを追って、ソ連がプルトニウム原爆（1949 年）、水爆（1953 年）と開発に乗り出しました。今は中国をはじめとした、多くの国々が核戦力を保有、また保有しようとしています。

　2016 年、アメリカのオバマ大統領が広島を訪問しました。原爆投下から 70 年余を経ています。

3 自然エネルギー：水力・太陽光・風力・地熱

　地球環境への負荷や石油など化石燃料の枯渇などから、自然エネルギーの高度活用への様々な方策が模索されています。

　石炭、石油などを発電などに利用することから発生する、二酸化炭素の増加は大気の温度を上昇させ、海水面の上昇や北極の氷海の消滅などを促します。また、作物適地を含めた生物環境の変容なども予想されています。

　二酸化炭素を含むグリーン・ハウス・ガスが大気中に増えると、それが地表からの赤外放射を吸収して、グリーン・ハウスのように、地球を温暖化していきます。

　1997 年、京都市の国立京都国際会館で開かれた第 3 回気候変動枠組条約締約国会議で、京都議定書が採択されました。それをもとにして、地球温暖化対策が国際的協調活動として認識され、様々な政策が採られています。

　国際的な調査・研究の結果、先の産業革命に始まる、人類による石炭や石油など化石燃料の利用がその原因とされました。

　しかし、その化石燃料も 100 年も経たないうちに使い尽くすと見られています。そこで、化石燃料への依存を低め、地球環境に大きな影響を及ぼさない熱源の活用が求められ、促進されています。これが、再生可能（リニューアブル）エネルギーへの転換です。

　石油などの化石燃料は、使用（燃焼）されると二酸化炭素と水となり、消えてしまいます。しかし、水力の動力源である水は地球の水循環のプロセスで復元されますし、太陽光発電の光はおよそ無限に降り注ぎます。風力発電で利用する風も多くの土地でほぼ無尽蔵に利用できます。

　太陽は大型渦巻銀河・銀河系の中心から約 3 万光年に位置し、太陽定数（地球の大気圏外で太陽に正対する単位面積が単位時間に受ける太陽の輻射総量[注1]）は、 1 ㎡当たり 1.37kW です。これだけ大きなエネルギーを生み出す力を利用しないわけにはいかないですよね。

Natural energy

Wind-power generation
Hydroelectric power
Solar power
Geothermal power generation

二酸化炭素を減らすのには どうすればいい？

　二酸化炭素は、カーボンダイオキサイドの訳語です。俗に「炭酸ガス」といいます。今は、環境問題がらみで、温室効果ガスとも呼ばれます。無色、無臭の不燃性ガス体です。炭素が酸素を2個呼び込んで、結合したものです。炭酸飲料や消火器などの加圧ガスとして利用されています。

　地球上での大きな流れとしては、植物の光合成で吸収され、動物の呼吸活動で排出されます。温室効果ガスとして環境の課題となっているのは、エネルギー源（一次エネルギー）としての、有機資源（石油、石炭など）の利用急増・拡大に伴う、二酸化炭素の大気空間における蓄積です。石油や石炭はもともと古代の生物が堆積して、熱分解などによって、一次エネルギーとして格好の資源（燃焼材料）となったものと考えられています。そのため、燃焼によって、その中に閉じ込められていた二酸化炭素が大気中に拡散して、地球に充満して、いわば地球を覆うグリーン・ハウスのように働き、大気の平均気温を上げている。これが地球温暖化問題、気候変動です。

　人類そのものが、生物として二酸化炭素を排出して、大気を温めています。もちろん、今世界の課題となっている地球温暖化は、その規模、拡大のスピードからして、電力、動力燃料を中心とした、一次エネルギーなどの消費増大に原因があります。その意味では、経済活動の縮小が早手回しの解決策でしょう。

　しかし、それでは発展途上国の合意を得るのは困難です。1997年に京都議定書が採択されました。しかし、その後も地球温暖化は解消されていません。2015年、なんとかパリ協定が採択され前進しましたが、それも〝ようやく〟といった感じが拭えません。

　具体的には、技術の開発を進めていきながら、エネルギー効率の向上や、石炭利用技術の高度化による、火力発電からの二酸化炭素排出量の低減、そして何よりも生活スタイルの見直しによる省エネ

ルギーの達成が必要とされています。

　20世紀は石炭、石油など化石燃料を利用した工業文明の時代でした。21世紀はまだその延長線上にあります。都市設計の見直し、車社会の再検討など、国づくりや街づくり、そして個々人が率先して、生活の基盤から二酸化炭素問題に対応することが求められています。

　とりわけ日本は、四季に恵まれ、その文化伝統に基礎を置いて、西欧の植民地政策に虐げられることなく、今があります。20世紀の工業文明も、いち早く、確実にものにしました。そのほころびとなった第二次世界大戦による廃墟の上にも、確固たる基盤を築きました。

　高齢化問題や先行きの人口減のことなど厳しい課題は大津波のごとく迫ってきていますが、なお世界からは先進の文化・経済大国としての貢献を期待されています。欧米先進国のような寒冷地でもなく、アジアやアフリカの途上国のような厳しい気候にもなく、ゆったりとした自然環境に身を置くゆとりを持って、これまで培った文化をもとに、教育の水準をさらに高め、技術の力をたゆまずに引き上げていくことによって、民力を上げることでしょう。このところほころびが見えてきましたが、一部に「社会主義」と揶揄された共同体としての日本はなお健在です。

　産業界の省エネマインドは落ちていません。その実績も評価できるものでしょう。これからは、それに甘んずることなくさらなる展開に進むとともに、市民レベルでの生活インフラとそれを活用するソフトの開発による高度エネルギー社会の確立によって、日本経済の活力を削ぐことなく、世界の人々に役立つ社会となりましょう。

二酸化炭素が増え続けると、地球はどうなるの？

　地球温暖化の問題です。地球の表面温度が、科学的見地から、かなりのスピードで上昇しており、このままでは、将来の地球環境に劇的な変化をもたらすと危機感を抱いた学者を中心に世界の関係者が集合して、IPCC（気候変動に関する政府間パネル、1988年）を立ち上げました。研究・討議の結果、その温度上昇は二酸化炭素の大気中の濃度が高まって、宇宙から地球に届いた放射光の宇宙への再放射を妨げているとの結論に達したのです。

　降り注ぐ宇宙放射光は再度宇宙へ還るのですが、二酸化炭素の濃度が高まると、放射はそのガス体に吸収されて、大気中にとどまり、その結果、大気が温まるという理解です。こうして、地球の表面温度が高まって、結果、気候変動が地球を襲うという予想です。

　気候変動（クライメイト・チェンジ）とは、「気候の平均または可変性のいずれかにおいて、長期間（数十年またはそれ以上）にわたって認められる著しい統計上の変化」であり、「気候（天候の平均値）とは可変性と共に大気の平均的状態であり、それは30年のサンプル期間を基準に計算されるより高次な統計値によって示される」（世界気象機関の定義、1966年）ものです。そして「指定された地域の気候は、中間値または平均値のみならず、年間をまたがる平均値からの典型的なずれによって定義され」ます。「特に注目される大気の変数は、気温、降雨、風速、相対湿度、そして雲の状態」です（カトラー・J・クリーブランド、クリストファー・モリス『エネルギー用語辞典』より引用）。

　しかし「気候は気候システムの内部要因（大気と海洋の間の緩慢な相関）のみならず、外部要因（太陽放射光の変化、地球軌道の系統的変化、または人間の活動に起因する温室効果ガスの濃度上昇）によっても変化する可能性を持って」いるとトロント大学教授のダニー・ハーヴェイ氏は述べます。

IPCC では、検討の結果、確認される地球の温度上昇は、この人間活動による温室効果ガスの濃度上昇によるもの、との判定が採択されました。IPCC を受けて、FCCC（気候変動枠組条約、1992年）が温室効果ガスの排出抑制の徹底を担っています。

　気候変動については、多くの研究集団が気候モデルを駆使してシミュレーションをしています。それを受けて、気候見通し（プロジェクション）や気候予測（プレディクション）が発表されています。今言われていることは、地球の平均気温が摂氏で数度程度、海面が数十 cm 以上上昇する結果、様々な気象状態の変化をもたらすというものです。

　人々の多くが海面に接する都市などで生活していること、また、今でも気候条件の厳しいところで暮らしている人々も相当数に上るので、その生活を制約する自然現象の変化には早急に対応することが求められています。海岸寄りの場所での浸水による土地放棄や豪雨、乾燥条件の変動による作物環境の変化など、様々な状態が予測・予想されています。今も、その象徴として、ホッキョクグマの孤立現象が話題になっています。北極の氷が溶けて、生息場所が失われているというのです。北極の氷解は、逆に、そこでの海運航路を可能として、物流の改革と資源の開発を促進する面もあるとされています。象徴的現象としては、太平洋のサンゴ礁の上に住む人たちの生活圏の喪失もその一つです。砂漠化が進む土地が広がるともいわれています。豪雨による土石流の頻発も心配されています。それに、森林の伐採から、光合成の二酸化炭素吸収力が地球から失われていくとの危惧もあります。

　ここでも、自然と会話しながら生きてきた日本の歴史文化的経験が役に立つ余地があるでしょう。

4 私たちに自然から与えられるエネルギー

　再生可能エネルギーの主なものは水力発電、太陽光発電、風力発電、地熱発電です。バイオマス発電や潮力発電、潮差発電[注2]、波力発電、また太陽熱の利用も研究され、実用化が進められています。地球環境のもとでは、言葉の通り、再生可能なエネルギーです。

　日本政府は、大規模水力発電と大規模地熱発電を除いた「再生可能・未活用エネルギー」の開発・利用を促進しています。電力源として、太陽光発電、風力発電、バイオマス発電、中小規模水力発電、バイナリー方式地熱発電を熱源として、太陽熱、バイオマス、雪氷熱などを利用するものです。

　日本の一次エネルギー（熱エネルギーのもととなるプライマリー・エネルギー）総供給の中で、「再生可能・未活用エネルギー」の 2014 年のシェアは 4％ ほどですが、技術の進歩と政策理念、それに生活感覚における省エネルギーの発意が相まって、利用の実は高まっていくでしょう。

　なお、水力発電の一次エネルギーに占めるシェアは 3％ ほどになっています。ただ、電力供給に限れば、「再生可能・未活用エネルギー」、水力発電のシェアは高まります。それは、エネルギーバランスでは、一次エネルギーの利用として、ガソリンや都市ガス、LPG（液化石油ガス）などの直接燃料としての使用や製鉄や窯業（セメント）での使用、あるいは石油化学の原料としてのナフサ[注3]利用なども含めて考えるからです。

　ただ、まさに自然に直結したエネルギーの利用となるための制約もあり、その有効活用には経済システムやプロセスでの工夫が求められています。

　電力や都市ガスの供給システムの見直しやスマートシティ構想などの省エネ環境の整備もその一環です。

　右のページにて、再生可能エネルギーの源となる太陽の力（Sun）、風の力（Wind）、水の力（Water）を見てみましょう。より詳しく知りたい方は、国立天文台の『理科年表』(丸善出版)をご覧ください。

Sun, Wind, Water

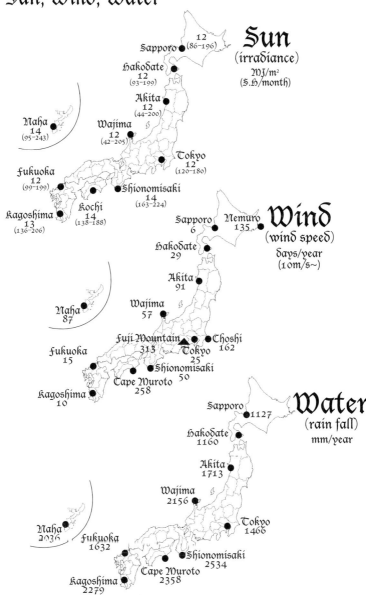

Sun
(irradiance)
MJ/m²
(S.H/month)

Sapporo 12 (86–196)
Hakodate 12 (93–199)
Akita 12 (44–200)
Naha 14 (95–243)
Wajima 12 (42–205)
Tokyo 12 (120–180)
Fukuoka 12 (99–199)
Shionomisaki 14 (163–224)
Kagoshima 13 (136–206)
Kochi 14 (138–188)

Wind
(wind speed)
days/year
(10m/s~)

Sapporo 6
Nemuro 135
Hakodate 29
Akita 91
Naha 87
Wajima 57
Fuji Mountain 313
Choshi 162
Tokyo 25
Fukuoka 15
Shionomisaki 50
Cape Muroto 258
Kagoshima 10

Water
(rain fall)
mm/year

Sapporo 1127
Hakodate 1160
Akita 1713
Wajima 2156
Tokyo 1466
Naha 2036
Fukuoka 1632
Shionomisaki 2534
Cape Muroto 2358
Kagoshima 2279

水力・太陽光・風力・地熱、それぞれの特徴は？

　水と風と太陽と、それらは私たちの生活を豊かにし、一方で、私たちの暮らしを制約してきました。そして、とりわけ日本においては、地下に蓄えられている熱は、その文化を支えている自然の恵みであります。地球に誕生した人類は、古来、これらの持つ自然の力を称え、畏れながらも、その力を手にし、この世の生活を愛おしんできました。

　石炭、石油、天然ガスを手に入れるまでは、人類の歴史はこれら自然の力とともにありました。水のないところに生命はありません。太陽のないところで命を育むことはできません。風のないところに暮らしはありません。そして、地熱のないところでは地表の生活基盤が規制されましょう。

　水の力は水車によって、太陽の力は作物の成長の源として、風の力は風車によって、そして地熱もそれぞれの工夫によって暮らしを支えてきました。風の力、水の力は、航海を可能とし、人類にその活動範囲を地球大に広げることを許しました。

　文化は森林から始まります。火の発見です。熱と光はまず木の燃焼から与えられました。そして、石炭の発見から石油や天然ガスの利用へと続きます。それが今、地球温暖化の環境変化を受けて、再び、自然の力への回帰が求められています。水力、太陽光、風力、地熱の新しい形での利用の拡大です。人類の知恵が科学技術の発展となり、そうした力を効率良く利用できる環境が整ってきています。それらの力は再生可能なもので、地下にある資源（石炭、石油、天然ガス）と違い、資源量に制限はありません。それに、その性状は地球環境に負荷とはなりません。

　再生可能エネルギーと称されるこれらの力は比較的短時間に利用可能な状態に再生される自然の力です。今焦点となっているのはエネルギー源としての、とりわけ電力、熱源、また交通燃料としての

活用です。20世紀は電力と自動車、航空機、海運の文明を謳歌しました。この流れを21世紀以降も絶えることなく引き継いでいこうというのが、私たちの課題です。

　これらの自然の力は、当然のことですが、それぞれの土地の自然環境に依存します。その生活環境に適した工夫が必要です。地球全体の生活圏に普遍的なものとしては、今、太陽光による発電と風力による発電が進められています。この二者は技術の発達で効率良く利用できるからです。水力はこれまでも水力発電として利用されてきましたが、その中心は大電力であり、大きなダムなどを前提としていました。これからは小さな水力も活用しようというのが、再生可能エネルギー上での中小水力の活用です。地熱も基本は電力とすることで進められています。

　これらは、それぞれに生活環境に応じた工夫が必要な力ですから、市民レベルでの絶え間ない協力関係が前提とされます。スマートな生活基盤の確認と応用力がこれからの地球文明の先行きを照らすことでしょう。

　技術的には、宇宙からの放射を利用する太陽光発電が安心・安全で頼りになるものとなっています。ただ、太陽光の自然変化からの制約をこれから乗り越えていかねばなりません。風力発電はまだ私たちの知恵では完全に捕捉できない力で、これを電力のベースとするには限度があります。中小水力発電や地熱発電は地域特性に合わせた利用となりましょう。

5 天然ガス：LNG（液化天然ガス）から 電力と都市ガスを得る

　ガスは気体を意味する造語です。ギリシャ語のカオスからきているといわれています。二酸化炭素や、石炭のガス化によるものが主なガスであったことから、石油と同じく地下に埋蔵が確認され、気体として採取されるガスを、天然ガス（ナチュラル・ガス）と呼んでいます。

　天然ガスの産地かつ消費地であるアメリカやノルウェー、ロシアから購入しているヨーロッパは、パイプラインが主要な搬送手段です。

　日本は天然ガスの産地と直結していないこともあり、産地の液化プラントで液体とし、専用船で搬送してきます。液化にはマイナス162℃までガスを冷やすことが必要で、液化プラントも大きいです。ガスの体積は液化によって600分の1となります。日本はそのプラントの建設を請け負い、生産物であるLNGを石油スライド価格での、テイク・オア・ペイ条項[注4] に則り、長期契約ベースで安定して確保（輸入）してきました。

　近年、アメリカでシェール・ガスの技術開発が進み、世界の天然ガスの供給力は大きく高まっています。シェールは頁岩のこと。粒子の細かい、粘土質の薄い層で形成されている堆積岩です。この新たな開発可能性の確立によって、これまでの開発技術で想定された資源量が大きく増量されること、また当分はアメリカ一人勝ちのこの状況を「シェール革命」と呼んでいます。

　しかし、アメリカは天然ガスの消費量も大きいので、天然ガスの輸出力では、引き続き、中東やアジアなどの石油産出国が主力でしょう。

　天然ガスは、多様な有機成分を凝縮している石油と異なり、メタン成分が多いのですが、技術進歩により、石油製品の相当部分も生産の対象となります。

Natural gas trade

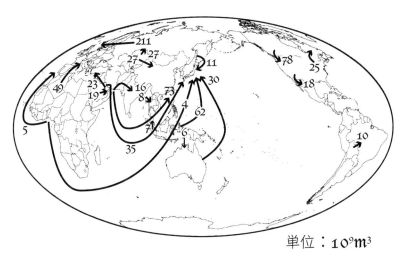

単位：10⁹m³

Shale gas and shale oil

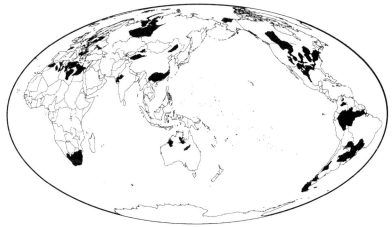

37

「シェール革命」によって世界はどう変わった？

「革命（リボリューション）」、心躍る響きです。世界史上で代表的な市民革命の一つ「フランス革命」、18世紀半ばに工場や機械導入により起こった「産業革命」、ロシアの民衆を指導した革命家（リボリューショナリー）・レーニンが、ロシア帝国を壊滅させ、共産主義国家・ソ連を建設した「ロシア革命」、アメリカのイギリスからの独立戦争である「革命戦争（リボリューショナリー・ウォー）」。「革命」は大変革の時です。

「シェール革命」はアメリカによる「エネルギー独立」の宣言です。豊かな資源に恵まれたアメリカのウィーク・ポイントの一つはエネルギーにありました。

日本から見れば、有り余るエネルギーを持っています。それを湯水のごとく消費するアメリカは、世界最大ともいえるエネルギーなどの資源力を持ちながら、産業と国民の需要に応えるため、相当の量の石油を輸入せざるを得ませんでした。これまで、世界の紛争に関与してきた一端には、表には民主主義の公敷、合理的経済社会の確立とありましたが、裏には、エネルギーの安全保障がありました。それが「シェール革命」によって不要となりつつあります。国際経済的にはエネルギー需給構造の変革です。国際政治的には覇権国家体制の変容です。

シェールとはシェール・ガス、シェール・オイルのことです。それまでの石油、ガスの賦存場所とは異なる、シェール（頁岩）に潜む石油とガス（今のところ主に天然ガス）を採掘することが可能となったのです。技術の進歩とエネルギー需給市場の変化によるものです。これまで予定されなかった新たな石油、天然ガスの経済的賦存が再確認され、その採掘、生産が可能となりました。石油・天然ガスの市場が強含みで推移して、それらの市場価格が高騰し、先行きもその延長線の推移かと見られたからです。新たな技術に必要な

コストの回収は可能と判断されたのです。シェール・ガス、シェール・オイルは世界各地に賦存しますが、今のところ、経済的に生産されうるのはアメリカのほかには確認されていません。「第二の独立宣言」ともいえましょう。

　世界各地に賦存するとはいっても、日本にはありません。日本はアメリカの余力を待って、そのガスを LNG として輸入することになります。

　これまで、日本とアメリカは石油輸出国の大きな得意先でしたが、この革命によって、また日本の経済停滞によって、国際石油、ガス市場は需給バランスが大変革となります。供給力が需要の弱含みに対応できないため、その価格は低迷します。最近でも、一時期、高騰した石油価格は、今は暴落の底値にあります。石油、ガスの輸出国の世界的発言力は削がれました。ロシア、サウジアラビアなどがその力を立て直す政策の確認を迫られています。

　順風満帆でスタートした「シェール革命」も、その後の市場の変化や環境問題への対応などから、このところ経営システムの再構築を求められていると聞きます。アメリカ依存を強めたい日本にとっても、その動向をしっかりと見据えてかかることが肝要な時となります。

　ロシアからの熱い視線にも柔軟に対応することが求められています。石油輸出国とのこれまでの緊密な関係を崩すことなく、エネルギー資源の安全保障体制を維持しなければなりません。民力の上に立っての政治、外交の国際的指導力が試されるところです。選挙権の拡大もなされます。若い力の踏ん張りに期待するものです。世界では女性陣の指導力が輝いています。日本における革命の星の出番も近いでしょう。

シェール・ガスとほかの天然ガスとの違いは？

「シェール革命」の根幹には地政学的変革と経営システム的課題が内包されています。シェール・ガスとこれまでの天然ガスとに、ガスとしての物性とその利用条件に大差は認められません。その賦存状態の違いから、外形や掘削・生産面での相違はあります。

　20世紀は石炭と石油の時代でした。蒸気とガソリンやディーゼルとケロシン注5 が電力と動力の主役でした。21世紀は天然ガスと再生可能エネルギーの時代となり、それらが電力と動力の主役の座を占めることになるでしょう。ただ、石油でなければならない場面も残りますので、石油が消えるわけではありません。そのため、ガスの液化の技術展開も再度脚光を浴びてきています。ガスから石油を作るのです。これはそう難しいことではありません。日本では海藻から石油を採る研究もされています。ただ、商業化の見通しは厳しいようです。地上の移動手段が液体燃料から離れたあとでも、航空燃料の領域は当分の間は液体燃料の時代が続くでしょう。

　石油や天然ガスの輸出余力を持つ国・地域は偏在しています。しかも、政治的に必ずしも安定でない国・地域がその中心です。そのため、石油や天然ガスの供給をそれらの国・地域に頼っている日本などはそこでの安定に常に気を配らざるを得ない状況です。

　日本はエネルギー資源のほとんどを輸入に頼っています。アメリカも日本に匹敵する輸入国でした。中国は石油の必要量が今後も増えることから、アジアやアフリカなどの国・地域に進出しています。ヨーロッパは北海において油田とガス田を持っていることもあり、やや事情は異なります。しかし、ガスをロシアに全面的に依存する体制であったことから、近年は不安定な面が露呈し、東欧諸国を仲間にしたこともあり、安全保障の観点からその見直しが進められています。フランスはエネルギー独立の観点から原子力発電主力の体制を築いています。

石油の国際貿易は、巨大なオイル・タンカーを駆使して行われています。国際運輸量の大半は、この石油の運搬によるものです。今後の海運の展開を前提にパナマ運河の拡充が進んでいます。

　また、とりわけ石油の運搬には、その海上ルートの安全確保も石油の安定供給と市場の安定には欠かせません。

　一時、アフリカの角の沖やマラッカ海峡での「海賊」によるタンカー乗っ取りが話題になりました。石油は容易に転売でき、軍資金を手に入れることができるからです。

　今は一息ついていますが、ホルムズ海峡の閉鎖の恐れが叫ばれたこともあります。

　商船には戦闘能力はありませんから、狙われると容易に落ちます。広い海洋でのことですから、救援もままなりません。今のシリアやイラクでの混乱も、その勢力の基盤には石油の存在があります。

　ヨーロッパに目を転じますと、ヨーロッパへのガス搬入はパイプラインによります。その通過国・地域の安定には気を抜けません。ウクライナ問題[注6] はその一端です。

　日本はガスの供給拠点から陸続きでないため、LNG として、専用船で輸入しています。

　石油や天然ガスの開発には、巨額の継続的投資が必要です。先行きを見通した経営戦略が前提となります。

　私もある時期、日本の石油・天然ガス開発の現場にいたことがあります。この方面では歴史のある欧米の経営資源と技術の蓄積に脱帽したものです。

　その欧米にとっても、シェール・ガスの経営は新しい局面です。技術的には可能となりましたが、経営システムとしての安定性と環境面での課題については、なお確認を要する課題が横たわっていると思われます。

6 天然ガス：オーストラリア、マレーシアの海底などから

　日本は世界でもトップの LNG 輸入国です。その主な供給国は、オーストラリア、カタール、マレーシアになります。ほかに、ロシア、インドネシア、アラブ首長国連邦、ナイジェリア、ブルネイ、オマーン、パプアニューギニア、イエメン、赤道ギニアなどからも輸入しています。最近はアメリカからの調達も視野に入ってきました。サハリン・プロジェクト[注7] の稼働でロシアからのガス供給も増えてくるでしょう。かつて、石油を期待して試掘した油田がガス田と分かり、開発を断念したのも、今は遠い思い出の一つです。

　日本に次ぐ LNG 輸入国は韓国、ヨーロッパ、中国となっています。

　世界の天然ガスの生産地は、アメリカ（シェア、20％）、ロシア（18％）を筆頭に、カナダ（5％）、イラン（4％）、それと、シェア 2〜3％前後のノルウェー、イギリス、オランダ、ウズベキスタン、カタール、サウジアラビア、アルジェリア、エジプト、中国、インドネシア、マレーシア、オーストラリアなどがあります。

　天然ガスの開発は、石油と同じく、海底ガス田が主力となってきており、海上に設置した大きな掘削施設から 500〜1,000 mの海底までパイプ鉄管を伸ばし、そこの海底から数千mを掘り進むことになります。生産の基本は埋蔵している場所との圧力差でガスを採取します。深海からの深部へのドリル掘削でもあり、高い圧力や高温などとの戦いとなります。

　アメリカのシェール・ガス開発の成功は、それが陸上のガス田が主対象であり、埋蔵している場所が比較的浅いことにもよります。ただ、その賦存状態と生産条件等から既存の天然ガスとは開発システムが異なります。そのため、安定生産には工夫が求められているようです。

　「シェール革命」は、経済面では、石油価格、天然ガス価格の高騰がバックアップしてきました。そのため、石油価格の長期にわたる低位安定も予想される中、シェール・ガス生産の経営基盤の強化が模索されています。

Natural gas import

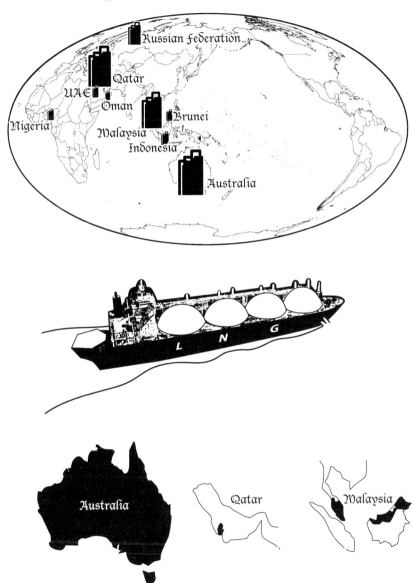

なぜ日本では天然ガスを採掘できないのか？

　日本の一次エネルギーに占める天然ガスのシェアは、発電燃料と都市ガスとしての利用で、一次エネルギーのほぼ20%となります。

　日本国内で採掘できる天然ガスは皆無ではありません。ただ、今の日本の需要を支える量にはまったく手が届きません。実質的には「ない」といっていいでしょう。

　昔の絵巻に越の国からの天皇への献上品として「燃える水」がありました。20世紀初頭からしばらくは、秋田などでの石油開発があり、天然ガスも随伴しました。余談ですが、私も一時、秋田大学の鉱山学部に学びました。千葉や新潟では、今も水溶性ガスを利用している向きもあります。江戸時代の絵図には、その様子を伝えるものがあります。新潟に行きますと、今も往時の状況を垣間見ることができます。日本で最大の石油会社は新潟を発祥の地としています。

　天然ガスの賦存の条件は完全に確認されたとはいえないようですが、大半はプレートテクトニクス（大陸移動説）で説明されています。有機起源説です。

　ただ、近時の賦存・発見状態から、宇宙起源説（無機説）もあります。

　プレートテクトニクスの例証は、例えば、アフリカの西岸の地形と南アメリカの東岸の地形が、パズル解きのように合わせることができるということなどから確認できます。それに伴う太古の造山活動は、エベレスト山頂に貝殻の化石があることなどからもいえるようです。エベレストはインド亜大陸がユーラシア大陸に衝突して、盛り上がったものとされています。そうした太古の大陸形成の中、海洋の生物などが海底に堆積し、その後のプレート変動によって熱分解などの化学変化を受けて、化石燃料（石油や天然ガス）が生成されたとの理解です。石油や天然ガスは、石灰の堆積している地層

から、白亜紀（クレタセウス）を中心とした砂岩などのマイクロ単位の微小な隙間に賦存しています。ちなみにカルスト台地を作る石灰は、微小生物の骨格カルシウムの堆積とされており、鍾乳洞として間近に見ることができます。ドーバー海峡の白い壁が有名です。

　こうした条件を備える場所がアメリカ、ロシア、中国、北海、アラビアやペルシャ、そして地中海の周辺の地域、とりわけ北アフリカ、西アフリカの海底です。石油や天然ガスが偏在することは、こうした地球の変遷によると説明できます。

　北アメリカの場合、石油発見の当初は五大湖の周辺でしたが、今はテキサスからメキシコ湾の海底となっています。メキシコ湾の関わりでは、ベネズエラのオリノコの重質な石油の膨大な賦存が話題となる時があります。

　ブラジルでは超深海の油田開発が進められています。今、北極での資源探査も焦点となっています。ロシアの権益の強い場所ですが、国際的管理という動きも浮上しています。自然環境の厳しさから、国際的協力が前提となるからです。先日も、プーチン大統領が訪日の地ならしのための会合に参加して、北極海航路の安定運用について討議しました。

　残念ですが、日本にはこうした条件はありません。代わりに、メタンハイドレートに期待する向きもありますが、先行きの見通しは定かではありません。

　日本は孤立海峯で成り立っている島国です。深い海溝で囲まれています。そして、東と南から押してくる、いくつかの大陸プレートの上に位置しており、そのプレートの動きに合わせて震動しています。これが火山国、地震国である所以でもあります。

　日本は再生可能エネルギーにしっかりと軸足を置くことが良いでしょう。これからの技術陣の頑張りに期待するところです。

なぜ石油価格は低迷しているのか？

コラム

　石油の価格が低迷しています。といいますか、暴騰が止まりました。

　歴史的にはスタンダードオイル・グループ（ロックフェラー）を首魁とする石油会社の支配下で、長期経営の市場操作の結果、安定した石油価格が続いていました。

　しかし、資源ナショナリズムの高まりによって、石油市場の支配権が「7シスターズ」、「メジャーズ」と称された大手石油会社グループから、アラブを中心とする石油輸出国の手に渡りました。それら諸国が、1973年、パレスチナ奪還の対イスラエル戦略から、欧米などの対イスラエル支援を阻止するため、石油の価格を高値に設定し、同時に輸出制限をかけました。この出来事は、世界の経済成長を大きく下げる圧力となると予想されたため、「石油危機」と呼ばれ、日本も経済成長率において数％ものダウンとなるショックを受けました。1979年にも、「石油危機」はこれら諸国の市場支配力の上に発動されます。

　これ以降、石油の輸入国は、アメリカ指導の下、団結して市場支配権の回復に向かいます。これがIEA（国際エネルギー機関）の創設と指標価格の設定です。

　その代表は先物市場価格のWTI（ウエスト・テキサス・インターミディエイト）です。WTI指標価格は、アメリカの石油パイプラインの集積地（中継地点）である、オクラホマ州クッシングでの、ガソリン留分の多い低硫黄の高品質な原油の取引価格をベースに設定されます。それを商品取引所で売買することで、市場での原油の価格を日々適時に更新・決定します。その価格は原油の実需要者である企業のほかに、金融商品よろしく、様々な投資ファンドも巻き込んで決まります。

　ちなみに、アメリカの石油の大産地はテキサス州です。メキシコ

湾に沿って陸上油田の数多くの操業が見られます。今はメキシコ湾の海底深くに掘削の手を伸ばしています。このメキシコ湾の石油がクッシングを起点として、全米にパイプラインで運ばれています。

　こうして時に乱高下はあるものの、相対的には安定し、予想される範囲で推移してきた原油価格ですが、数年前に暴騰します。マネー・ゲームの悪魔が顔を覗かせたということでもありましょう。

　しかし、その直後に、世界の景況の牽引役(けんいん)と見られていた、中国経済の成長鈍化の予想や日本をはじめとする世界経済の低迷予想、アメリカの景気回復によるマネー（投資資金）の原油などの商品市場からの転回（引き上げ）などから逆転して、暴落します。その流れで、今石油価格の低迷が続いています。

　石油の生産には超長期的な戦略経営が欠かせません。

　石油の開発（掘削、生産、流通）には膨大な資金と、長期の継続的生産能力の調整が肝要です。そして、精度の高い、繊細な市場調整がなければ市場は安定しません。

　今の市場経済の中では、商品の価値ではなく、需給バランスで価格は決まります。石油は自動車などの工業製品に比べて、供給能力を調整しづらいものです。また、その需要も人々の消費動向の集積ですから、確実な予測は困難です。

　今の世界の豊かさを保証しているのは、資源配分の最適化を図る市場原理です。需給バランスの把握は知恵の見せどころでしょう。

　それに、経済学の前提となっている「合理的人間」の象徴的ライフスタイルが予想される姿を見せるのか否かも、市場安定の基礎となります。ステーク・ホルダー間での付加価値分配のありようが適正でなければ、永続的な繁栄は成り立ちません。適正であるか否かの判定（表明）が安定した市場価格となり、予定調和の価格になり、「消費者余剰」を確認します。

7 石油：私たちの生活を支えている地球の恵み

　石油は主にジュラ紀を中心とした白亜紀やその前後の時代に、地下深くに埋蔵されました。

　ジュラ紀は、およそ1億5千年前で、スイスの山岳（ジュラ州）でこの地質学的時代区分が確定されたことから、ジュラ紀と命名されました。白亜紀は、およそ1億年前で、白亜（チョーク、ラテン語でクレタ）で特定される時代区分です。このチョークはドーバー海峡などに見られる炭酸塩岩で、石灰岩に比べてやわらかく、日本の堅い石灰岩とは異なる性状のようです。明治期にセメント製造を始めた日本では、このため生石灰法[注8] を採ったといいます。

　石油の成因には、有機説（太古の生物の海底への沈殿と特殊な環境下での熟成）と無機説（地球生成の時の元素形成を起源とする）があります。

　石油の貯留槽は、堆積した μm（マイクロメートル）単位の砂が固まった砂岩などです。その砂粒の間の微細な孔隙に石油が水とともに粘着しています。

　石油はその生成プロセスから、多様な有機成分（炭素と水素の化合物、炭化水素、ハイドロ・カーボン）を持っています。それが様々なものに変身するのです。燃やすと有害な化合物が出るのも、そこに起因します。

　今、探査で発見される石油の埋蔵場所は、「あるところ」で特殊な環境によって熟成された石油が、地殻の変動などから、流れてきて集積したところです。「あるところ」の存在はプレートテクトニクスによって証明され、石油の埋蔵地が特定の地域に偏っているわけを説明しています。

　アメリカの最初の油田はアパラチア山脈の裾です。今、そこはシェール・ガスの宝庫となっています。テキサスはミズーリ水域系で、その先端は海に入り、メキシコ湾の油田地帯となります。サウジアラビアなど中東の石油は大陸移動によるアラビア湾（ペルシャ湾）域での集積です。ロシアの石油・ガス田は西シベリアにあります。ウラル山脈系と大河水域です。ベネズエラのオリノコ水系も重質ですが巨大な集積です。

Petroleum trade

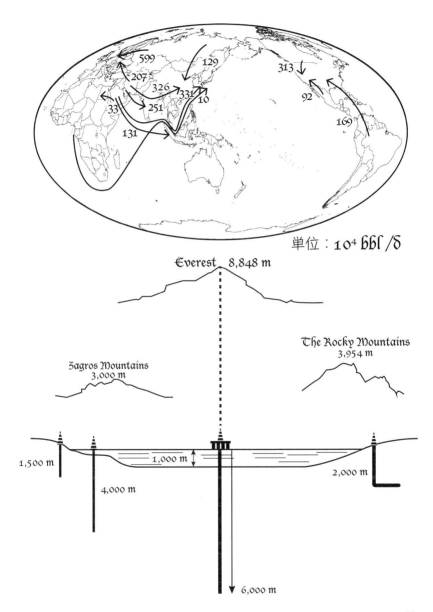

单位：10^4 bbl /d

Everest 8,848 m

The Rocky Mountains
3,954 m

Zagros Mountains
3,000 m

1,500 m

1,000 m

2,000 m

4,000 m

6,000 m

49

石油はどうやって掘削されているのか？

　モデル化して見ますと、数千m（今は1万mに達することもあります）の地下にある石油が賦存している地層に、地上（あるいは海上）からパイプを打ち込み、そこにある石油を汲み上げます。石油の掘削方法は、それだけです。

　石油採掘の中心となるの生産装置を「坑井（ウェル）」といいます。原油を地上に取り出すには、まず坑井を設置・確立します。この作業が掘削（ドリリング）です。掘削そのものは、言葉通り、穴を掘ることです。しかし、この超深度に及ぶ掘削には人間の叡智が詰まっています。それに、掘削の前にどこに杭を打つかの判定（探査）があります。これには長年の経験と新たな臨機応変の判断力が求められます。なにせ、この地球が何億年もかけて育んできた太古の化石資源を手に入れようとしているのです。

　はじめはアメリカの東部地域で、地下数百mの石油を掘削していました。当時では画期的な成功で、これにより石油製品が産業・生活の必需品となる時期に、需要を凌駕する生産ができるようになりました。

　この石油を支配したのが、今もアメリカを支えている、ロックフェラーです。ロックフェラーは掘削・採掘に重きを置かず、その流通を支配し、市場を押さえました。

　石油と石油製品の供給では、製造業の生産者に対応するのは、探査・掘削から石油製品の生産から販売まで、一貫して担う企業が中心となります。それでなくては安定した企業運営に支障をきたすからです。究極は独占です。巨額の富を築きます。そこで、政府による規制が入ります。独占禁止法の登場です。それによって分割された石油会社は合従連衡して、今も世界企業番付のトップランナーとして巨大ビジネスの一翼を担っています。ハイ・リスクとハイ・リターンに巨大市場の育成をマッチさせた、資本主義の典型的な姿です。

今、この世界の石油の富はどこに回っているのか。直接的には、日本でないことはまず確かでしょう。日本は原油のほぼ全量を輸入に頼っています。もちろん、安定した需要者としてはその供給体制を支えています。需給相まって市場は成り立っているからです。

　世界の石油生産の主要国はロシア、サウジアラビア、アメリカ、中国、イランで、次いでベネズエラ、クウェート、イラク、メキシコ、アラブ首長国連邦、ナイジェリア、カナダ、ブラジル、ノルウェー、アンゴラと続きます。

　近年、石油の賦存状態から、今まで以上の高度な開発力が求められています。石油の生産は、いまだ欧米の大石油会社（メジャーズ）の開発力（探査から掘削に至る一連の経営力と技術力）が欠かせません。石油輸出国の経営者や技術者も多くはアメリカで学んでいます。資材や機器の供給面では日本の力が評価されています。

　こうした主力産油国の中で、自国での消費が少なく輸出力のある国は、サウジアラビア、ロシア、アラブ首長国連邦、イラン、ナイジェリア、イラク、ベネズエラ、クウェート、カナダ、アンゴラです。こうした国は、これまで石油の輸出代金を蓄積してきました。ペトロ・ダラー（オイル・マネー）です。これらは国営ファンドとして、国際金融市場で重きをなしています。ただ、最近の原油価格の低迷と国民の生活向上の要求などから、その力にやや陰りが見えてきました。

　原油の輸入国としては、アメリカ、中国、日本、インド、韓国が大所で、ドイツ、イタリア、フランス、スペイン、イギリスと続きます。イギリスは北海油田を持ち、アメリカと同じ産油国でもあります。

石油は本当に数年後に枯渇してしまうのか？

　石油は 30 年で生産が止まる、といわれて久しいです。オオカミ少年の話に譬えられることもあります。しかしそれは、石油の開発・経営が 30 年を照準とされていることの顕現でもありましょう。石油の供給は超長期的な仕事なのです。この 30 年というのは「RP」のことです。R はリザーブ（足下で生産可能な埋蔵量）であり、P はプロダクション（足下の生産量）です。P は需給バランスから需要量であり、それはほぼ消費量でもあります。その時の埋蔵量がその時ないし、予想される直近の需要の何年分あるか、という数値です。従いまして、この 30 年というのは R と P の状態によって変動するものです。技術や市場条件によって開発が進んで、R が高まることがこれまでに見られました。P は世界の成長に伴って石油の需要が増える一方で、これも大きい数値となっています。これらの動向で、石油があと何年持つか判定されます。資本市場では、この数値を石油会社の経営力の指標としてきました。そこで石油会社の幹部が、この指標が「30 を割る」ことを恐れながら、言い換えれば「30 を保有している」と喧伝しながら、経営戦力を練ってきた面もあります。世に「100 年企業」は稀有ともいわれますが、石油の事業はこの「100 年企業」です。1 世紀にわたってその事業を確固として展開してきています。余談ですが、日本の企業には 100 年の経営を有する社が数多くあります。ちなみに、RP は直近では 50 年とされています。

　新規の油田の発見がほぼ止まりつつある中、その開発条件も急速に厳しいものとなってきています。開発技術面でもプラトー（停滞）が見えてきたともいわれています。これからの埋蔵量の増加には大きな期待はかけられないかもしれません。アメリカにおける新たな天然ガス資源の開発が「シェール革命」と囃されたのにはこうした背景があります。

一方で、石油の需要は世界の経済成長の低迷で、その伸びが止まっている面があります。また地球温暖化への対応という大号令のもと、化石エネルギーから再生可能エネルギーへの転換も強く進められています。その中、まず消費を控えようとされているのが石油です。ただ、石油にはほかのエネルギーで容易には代替できない物性があります。代替可能なものはそれとして、いずれ棲み分けの中で、石油の技術革新もあるでしょう。石油が貴重な資源であることはいまだ変わりません。大事にその特性を活かして、私たちの生活の基本資源の一つとして残り続けていくことでしょう。

　いずこの世界でも、おそらく同じ問題に直面しつつ、それを乗り越えて、次の世代での活動があるのでしょう。石油の事業についても、世の牽引車としての役割は、ほぼ終末を迎えることになりましょうが、その根底にある技術や経営システムを後代に引き継ぐことも忘れてはなりません。余談ですが、あるいは譬えが適切でないかもしれませんが、かつて猛威を振るった疾病が多くの人の努力によって克服され、やがてその対応力が消える時、再びその疾病が頭をもたげてくるということもあります。経営という面からは技術伝承の難しい局面となりますが、社会としての戦略的展開策も課題となりましょう。

　人類の地球覇権がいつまで続くかは定かではありませんが、その知恵がいや増して、その成果によって、人類の幸せの達成が続くことを願うところです。

　そのため、「30 年」に止まることなく「100 年の事業」に目を据えて、前進していきましょう。日本の力はその面でも絶えることはないでしょう。しかし、傲（おご）ってはなりません。謙虚にそして共栄の力を合わせるのです。

8 石油：遠い砂漠の地・中東のサウジアラビア、アブダビから

「中東」とはイギリスが世界制覇した時の名残です。「極東」である日本は、その中東から大量の石油を輸入しています。

供給国の筆頭は、サウジアラビアとアラブ首長国連邦のアブダビです。次いで、カタール、クウェート、ロシア、イラン、さらに、インドネシア、オマーン、イラク、ベトナム、ガボン、エクアドル、オーストラリア、マレーシアなどが供給国群となっています。

私もアフリカとのお付き合いの一端で、シュバイツァーが活躍したガボンの石油開発を視察しました。ブルジュ・ハリファ（旧称：ブルジ・タワー）のあるドバイはアラブ首長国連邦の一員ですが、連邦の中では石油に恵まれない土地のため、国を挙げて、インフラなどの整備を進めています。

日本は「中東」の諸国から約8割の石油を輸入しています。

この「中東」からの石油は、イラク、アラブ首長国連邦、サウジアラビアに囲まれたアラビア湾（ペルシャ湾）の海上油田ですので、大きな専用船「タンカー」で、イランとオマーンの間のホルムズ海峡を通り、インド洋を横断して、狭く、かつ、浅いマラッカ海峡を慎重に進んで、東シナ海を北上し、日本の港に運ばれてきます。

日本の石油の消費量は、年間で2億kℓですから、一隻で30万tを運ぶ大きな「タンカー」でも、かなりの往復となります。おおよそですが、1日当たり、400万bbl（バレル：ドラム缶の8分目ほど）を、日本は使っていることになります。なお、積み荷の特性から、往路は空船となり、バラスト[注9]として海水を詰めます。

30万tの「タンカー」は、VLCCと呼ばれ、全長330m、全幅60mで、20数人の船員でオペレートしています。ドラフトは20m、甲板からドラフトラインまでは9mほど、時速は30kmほどです。「中東」との12,000kmを45日かけて往復しています（内、積み荷作業に5日かかっています）。低速ディーゼル・エンジンは60rpm（回転／分）。プロペラの直径は10m弱で、ピッチは6m強です。その運航は、日本の石油会社の傭船によるものが大半となります。

Petroleum import

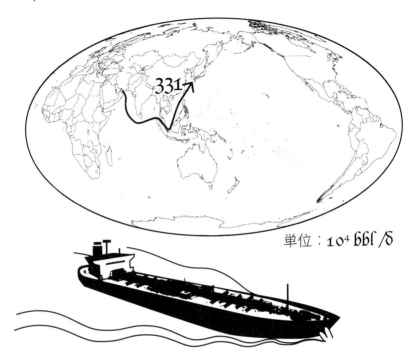

単位：10^4 bbl /δ

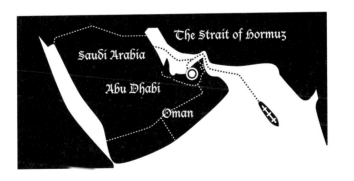

コラム　なぜ中東には 石油が多いのか？

　石油といえば中東が話題になります。しかし、世界の中で、中東に石油が極端に偏っているわけではありません。もちろん、化石燃料の生成プロセスから、大陸形成のうねりまで、中東の地下にほかの国々には敵わない、多くの石油があることは確認されているところです。ただ、「中東の石油」が石油を代表して話題となるのは、その輸出余力に起因します。産出と賦存量に比較してみると、そこでの消費量は相対的に小さく、日本など石油を産出せず、輸入に頼る工業国にとって、死活を握る産油国であるからです。またその輸出力は、採掘しやすい賦存状態や生産コストが格段に低いことから、需給に合わせていかようにも柔軟に対応できるという商品特性の強みを背景に、強大な市場支配力に繋がっています。かつてこの地域を押さえていた時の「メジャーズ」はこうした経営資源の強みを活かして、次の事業展開のために、超長期の資金を思い切って投入できたのです。今「中東の石油」にそれを担う力はあるのでしょうか。不透明感が拭えないところでしょう。

　そして、中東の地政学的条件から、「中東の石油」が世界経済や国際情勢に大きな影を落とすことが頻発することも、「石油といえば中東」といわれる所以でしょう。パレスチナ問題やスエズ運河開放、イスラエル追放作戦、アラブ・ペルシャの対立、イスラーム集団の覇権争奪戦、植民地支配の名残への反発、ホメイニ革命、王制への反発といった様々な歴史的経緯がこの国々の政治・経済・文化を一概には理解しがたい様相に落とし込んできています。

　モサデク注10のイギリスからの石油利権奪還の時は日本も一役買いました。エルサレム争奪戦は今も絶え間なく続いています。ちょっとしたきっかけで、一触即発の状態になるのです。アラブの春もその一瞬の発露でした。過激派組織「イスラーム国」も、この地盤の上に勢力を築いています。今もイスエラルに入る時、パス

ポートには入国のサインは書き込まれません。アラブの国への入国が拒まれるからです。

　中東の国々があるこの地域一帯はかつての大文化・文明の跡地でもあります。エジプト、ペルシャ、イラク、トルコなどの輝かしい花々が咲いたところです。エジプト文明、メソポタミア文明、ペルシャ文化の地であり、今もイスラーム集団の象徴である聖なるカーバ神殿を祭る、メッカを有するところでもあります。

　イスラーム集団は、一時、ローマ帝国に匹敵する勢力圏を政治経済・文化的に支配しました。キリスト教との融和を成し遂げた、西欧の科学文化が勢力を拡大する前には、アラブの文化が花開き、先進していた時代があります。アラビア数字はその象徴でしょう。そうした文化的背景を力に、イスラーム集団は、アラビアを出て、ペルシャから、小アジア、北アフリカ、スペインを押さえます。その力は、交易を通して、アジアにも及びます。インドネシア、マレーシアなどにイスラーム教徒が多い所以です。

　今の国境はその多くが、植民地争奪戦による「切り貼り」「切り取り」の結果定められてきました。トルコからイラクにかけて住む「クルド」の生活圏の分断もそこに起因します。クルドの民族独立の悲願も中東の地政学的条件の一つです。イスラエルは、第二次世界大戦後にパレスチナの土地から住人を追い立てて、ロシアなどに住んでいたユダヤ人に欧米の政権が与えたものです。イスラームといえば、中東から東にある、パキスタン、アフガニスタン、そしてインドを挟んで、バングラデシュまで広がります。これらの国々にも植民地の傷跡がいまだに残っています。石油産出国ではありませんので、日本の報道に多くは登場しません。こうした土地に恵まれた石油・天然ガスに私たちは依存しているのです。

石油が私たちの暮らしに 与える影響とは

　世界では石油が毎日 8,700 万 bbl（バレル）生産され、ほぼ同量が消費されています。bbl はかつて原油を運んだ木の樽のことで、ドラム缶のイメージです。木の樽ですからドラム缶ほどは入りません。この 8,700 万 bbl を 70 億人に平均して割り当てると、100 人当たり 1bbl 強となります。日本は全体でおよそ 360 万 bbl を使います。1 億 2 千万人として、毎日 100 人で 3bbl を消費しています。経済が活発であった時は 500 万 bbl となっていました。この消費量からその国の相対的な力を推し量ることができます。

　アメリカは 2,000 万 bbl を使っています。3 億人として、100 人で 7bbl という計算になります。

　経済 2 位の隣国、中国は日本のほぼ 2 倍使っています。中国の人口を 14 億人とすれば、100 人で 1bbl に満たない量です。原油の消費量で見ると、アメリカが世界の約 20％、中国は約 10％、ロシア、インド、日本がそれぞれ 5％ほど、韓国、ドイツは約 3％、イタリア、イギリス、フランスはそれぞれ 2％ほどです。1 人当たりですと、アメリカと韓国は日本の約 2 倍、ロシアは日本とほぼ同じ、ドイツ、イタリア、イギリス、フランスは日本の約 80％、中国は 20％程度、インドは約 10％といった感じです。

　経済力の指標とされる GDP（国内総生産）の 1 年の活動成果である総額（と、その 1 人当たり）で見ると、アメリカは日本の約 3 倍（ほぼ同等）、中国が約 1.3 倍（約 10％）、ドイツは約 6 割（ほぼ同等）、フランスは約 5 割（約 90％）、イギリスが約 4 割（約 80％）、ロシアは約 3 割（約 30％）、インドが約 3 割（約 3％）、韓国は約 2 割（約 50％）、イタリアは約 3 割（約 70％）、となっています。

　こうした日本の経済と私たちの暮らしを支えている電力は、20 世紀においては石炭火力発電や石油火力発電でした。地球温暖化問

題への対応などから、今はその主役の座を天然ガス火力発電に譲りました。21世紀には、太陽光発電や風力発電、さらには水や海を利用した発電も加わり、再生可能エネルギーによる発電も進むことでしょう。

　しかし、石油は火力発電の燃料のほかにも、私たちの暮らしの中で、広域にわたる役割を果たしています。動力やボイラーの燃料、機械工業用の潤滑油、あるいはプラスチックや合成繊維の原料と私たちの生活を見渡すと、様々な場面に石油から作られたものが見つかります。そうした製品も、地球温暖化対応の諸点から見直しや研究が進められていますが、有機化学の分野には、それでもなお石油を活用する領域があります。

　科学、とりわけ化学の進歩は、私たちに夢を与え、人類の未来に光を灯してきました。石油の発見とその利用は、20世紀の人々の心に輝きを与えてきました。もちろん影の部分があることも否定できませんが、100万馬力の人間としての活動の自由を、石油文明によって今私たちは謳歌していると思います。太古の地球の恵みに感謝しつつ、これからは地球にやさしい人類となりましょう。

　1909年、触媒、化学平衡、反応速度の研究により、オストヴァルト（ドイツ）にノーベル化学賞が贈られました。ボッシュ、ベルギウス（ともにドイツ）は1931年、高圧法によってノーベル化学賞を受けました。日本人としては福井謙一が、1981年、ホフマン（アメリカ）とともに化学反応での貢献で受賞しました。2000年には白川英樹が、ヒーガー、マクダイアミッド（ともにアメリカ）とともに、導電性ポリマーの発見により受賞しました。これから先も夢のある世界は続くでしょう。

9 石炭：発電の燃料、鉄を作り、セメントを作る

　石炭は先の産業革命の基です。石炭が、水蒸気の活用を可能にしました。

　欧米の炭層は、石炭紀（カーボニフェラス・ピリオッド）と名付けられた3億年前あたりの沼地に倒潰した、ヒカゲノカズラ、コルダイテス、シダ、ソテツといった陸生植物から形成されたものとされています。成因としてはセルロース説とリグニン説があります。地質の同定基礎となる炭層の状況から、石炭紀の前半をペンシルベニア紀、後半をミシシッピー紀としています。ちなみに、地表での1 ft（フィート）の堆積には1300年かかるとの測定があります。

　なお、日本の石炭層は新生代古第三紀、5000万年前の被子植物・裸子植物の時代に、ヨシスゲなどの水生植物からも形成されたようです。その環境から高品質となっています。しかし、石油と海外炭の開発に押されて、その存在価値は産業的には影を潜めました。

　石炭は世界各地に賦存していますが、その生成因子と環境の多様さから物性も様々で、燃料または原料としての使用には配合・事前処理などにそれぞれの工夫があります。

　発電用には一般炭（スチーム・コール）が、鉄鋼や窯業には原料炭（コーキング・コール）が利用されます。

　石炭は、炭素含有率によって、泥炭（草炭）、亜炭、褐炭、亜瀝青炭、瀝青炭、無煙炭と分類されますが、一般炭としては亜瀝青炭（サブビチュミナス・コール：炭素80％）を、原料炭には瀝青炭（ビチュミナス・コール：炭素90％）を使います。原料炭はコークスの原料になりますので粘結性（コーキング・プロパティ）がポイントです。実務で利用する上では水素含有率も重要となります。

　一次エネルギーに占める石炭のシェアは25％ほどです。内訳は、一般炭2に対して、原料炭が1となっています。

Coal trade

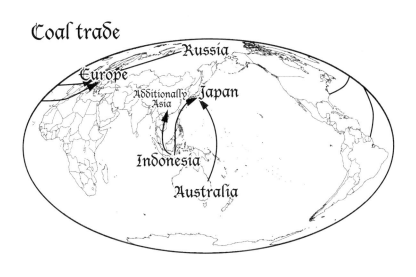

Russia

Europe

Additionally
Asia

Japan

Indonesia

Australia

Coal Open Cut

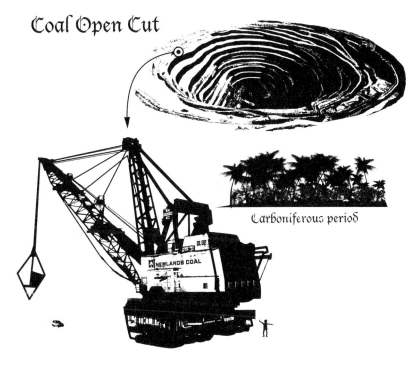

NEWLANDS COAL

Carboniferous period

石炭と二酸化炭素の関係は？

　石炭は、かつて「黒いダイヤ」と呼ばれていました。良い石炭の輝きはなかなか美しいものですが、こうした名がつけられた理由は、その貴重性。ダイヤモンドと並ぶといっても過言でない価値があると見られたからです。

　イギリスを中心に進んだ「産業革命」は、この「黒いダイヤ」の活用によって基盤を確立し、20世紀の文明が花開きました。

　古来、時に文明は自然の破壊から消えていきました。例えば、自然の再生力を超えた木材資源への依存により、森林を喪失しました。人々はその永続的活動のために、森林の自然再生を待たなければなりませんでした。石炭の活用は、そうした状況から人類を解き放ちました。

　石炭の火力は強大でした。それに、その応用としての蒸気力は様々に展開できる魔法の力でした。この石炭の力を存分に利用して、今の工業文化が築かれました。

　20世紀は鉱工業の時代ともいえます。鉱業（マイニング）と工業（インダストリー）に支えられた文化です。21世紀の今も石炭火力は天然ガス火力とともに、発電の双璧です。暖房としての利用も続いています。鉄鋼やセメントの原料としての価値も変わりません。

　蒸気機関の燃料としての役割も、世界的にはまだ残っています。石炭から石油やガスを作る研究もなお続けられています。

　石炭紀と名付けられた年代があります。この時代の地層に、多くの石炭が賦存しています。その時期に繁茂した植物、とりわけ大樹が倒れ、沼地などの底に封じられて、長い年月の熱分解などによって炭化したものが石炭です。

　植物は二酸化炭素と太陽の光を取り入れて、光合成によってその姿を形成します。炭化した植物である石炭は、その炭素と水素の反

応によって燃えます。燃えると、そのプロセスから二酸化炭素が生成し、それが空中に飛散します。燃えるということでは樹木、材木と変わりません。違いは熱量、そして経済財としての価値にあります。

「産業革命」以降の石炭の活用と、続く石油の活用によって、今地球は温暖化の速度を増しつつあります。その理解が地球温暖化対応のエネルギー革命を求めているのです。

化石燃料といわれる、石炭、石油、天然ガスの中で、炭素の含有量が多い石炭の単位当たりの二酸化炭素排出量は際立っています。それでも、地球温暖化対策として、まず石油が対象となっているのは、その偏在性と開発コストの上昇にあります。石炭は賦存状態から開発コストが安いことやその扱いが容易であることなどから、当面、留保されている面があります。

石炭の RP は約 100 年と見られています。石油や天然ガスは 60 年ほどです（シェールなどを除く）。世界の埋蔵量は 8600 億 t で、アメリカに 30％、中国に 15％、インドに 14％、ロシアに 12％、オーストラリアに 9％、南アフリカに 7％、カザフスタンに 4％、などとなっています。今の生産量では、中国が 56％、インドが 8％、アメリカが 8％、インドネシアが 5％、オーストラリアが 5％、南アフリカとロシアがそれぞれ 4％、カザフスタンが 2％といったところです。また消費量では、中国が世界の 57％、アメリカが 7％、ロシアが 3％、インドが 10％、インドネシアが 6％となっています。日本は 3％です。20 世紀の前半には、日本でも炭鉱の開発による動力源や熱の確保がなされましたが、経済性などから、今はその役割を終えています。

10 石炭：オーストラリア、インドネシアなどから

　日本は、一般炭の大半をオーストラリアとインドネシアから輸入しています。その次のロシア、カナダなどの国々からの輸入シェアは10％ほどで、主力2ヶ国で約9割を占めています。

　原料炭でも事情は変わりません。オーストラリアとインドネシアからが約9割です。一般炭に比べて、カリマンタンの炭鉱の開発により、インドネシアのシェアが高まっています。あとは、カナダ、アメリカ、ロシアなどから輸入しています。

　石炭は、その特性もあり、世界的には地産地消が基本となっています。日本は資源に乏しいことと海岸線立地の優位さから、海外炭をベースとして産業と生活を支えてきました。石油と同様に、石炭専用船で生産国の大型輸出施設から日本の輸入基地に運びます。オーストラリアの主な輸出先国は日本です。

　世界の産出国としては、中国とアメリカが筆頭です。次いで、オーストラリア、インド、ロシア、ドイツ、ポーランド、南アフリカなどが肩を並べています。

　歴史の古い炭鉱では坑内掘（アンダーグラウンド・マイニング）ですが、オーストラリア、インドネシアなどでは、大型機械の投入による露天掘（オープン・カット、ストリップ・マイニング）です。

　世界における石炭の埋蔵状態では、坑内掘による採掘が必要なものが大半ですが、当面、露天掘の経済性が勝っています。坑内掘では、その開発環境から、労働災害のリスクが伴います。かつて、日本でも多くの悲劇が労働者を襲いました。

　私は、三池炭鉱の閉山の直前に、地底数百mの切羽（採掘の最先端部）にまで降りて、状況を視察しました。

Coal import

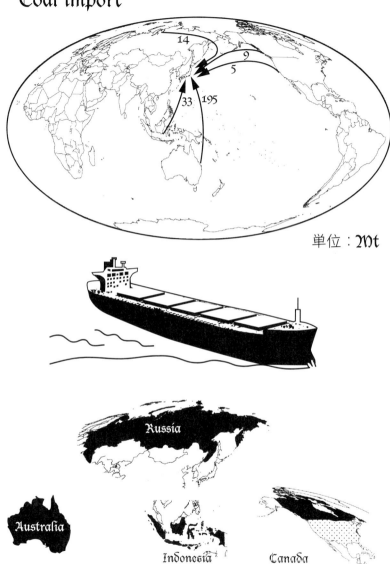

単位：Mt

石炭はどうやって 掘り出されている？

　かつて日本の近代工業は、その出発点である明治時代以降、水力とともに、北海道や九州の石炭を主たるエネルギー源としていました。

　九州では、石炭は製鉄産業と一体となって、日本を支えてきました。この産業集積は、「明治日本の産業革命遺産」として世界遺産にもなりました。日本の産業遺産として、石見銀山、富岡製糸場に次ぐものです。私も「産業考古学会」の一員として、これらの近代化遺産の調査・保存に関わってきました。九州では、三池炭鉱万田坑跡を、北海道では旧住友赤平炭鉱立坑 櫓 を「推薦産業遺産」に認定しました（産業考古学会『日本の近代を開いた産業遺産』を参照）。

　坑内掘が主でしたので、炭塵やガスによる爆発や火災、坑内の落盤などによって、多くの事故を経験し、多くの人を失いました。そうした労働の上に、日本は近代産業を確立し、欧米との確執から、国運を決する大戦に突入しました。

　第二次世界大戦に敗れた日本は、ポツダム宣言によって、工業力をはく奪されるところでしたが、米ソ対立の冷戦の中で、生き残ります。その後は、持てる石炭をフル生産して復興に邁進しました。

　機械化した炭鉱でも、事故は相次ぎました。時には数百人の炭鉱労働者が、暗い地底でその命を終えました。復興がほぼ成った時、石油の時代が到来します。石炭から石油への転換は急激に襲来したものですから、炭鉱労働者の職の不安定に繋がり、労働争議もありました。三池炭鉱のそれは時代を画するものでした。しかし、産業の血液としての石油の存在は揺るぎなく、日本は欧米の石油企業に依存する、石油の時代に入ります。

　しかし、中東を中心とした石油産出国の多くが王制などであり、またイスラエル追い落としを狙うアラブの国々でした。そこに、中東での対イスラエル戦略としての、アラブによる石油禁輸戦略の発動があり、一挙に石油の安定供給に疑問が生じます。その時、日本

やフランスはエネルギーの安定確保（エネルギー・セキュリティー）の基本政策から、原子力発電に乗り出します。

　石炭火力発電は、製鉄産業のための石炭（原料炭）と合わせて、火力発電用の石炭（一般炭）の確保ができるため、まだ生き残るでしょう。やがて姿を消すとも見られていましたが、原子力発電の不如意から、息を吹き返しました。

　日本は石炭をオーストラリアやインドネシアから輸入しています。そこでは、大規模な寡占体制の鉱山企業をメインに、一つの山を巨大な機械で掘り崩す「露天掘」で石炭を採掘しています。あるものは地下数百mになり、日本の大型掘削機械が活躍しています。

　日本のかつての鉱山で行われた地中深く掘り進む「坑内掘」はドイツに倣ったものですが、今でも多くの炭鉱で採用されています。私が生産力調査で潜った九州の炭鉱の切羽（採掘の最先端部）は地底700m辺りのところにありました。どちらの採掘でも、廃土などの「ぼた山」の後処理が肝心となります。

　世界の発電では、石炭火力が大きな存在にとどまっています。アメリカ、ドイツ、中国、インドも石炭に多くを依存しています。中国やインドなど鉱業の近代化が進んでいない国々の炭鉱では、事故や炭塵による人命の喪失が後を絶ちません。その中には幼い子どもたちの命もあります。これは百数十年前の日本や欧米の状況です。日本の当時を描いた絵日記は「世界記憶遺産」となっています。関心のある方は、ぜひ山本作兵衛さんの画文集、『炭鉱（ヤマ）に生きる』（講談社）をご覧ください。

　EUはドイツ・フランス国境の炭鉱地帯の共同管理を礎としています。産業革命以来、石油の発見までは、石炭は国力の源でした。石炭は、また、化学産業の原点でもあります。

石炭は今後も使用され続けるのか？

　20世紀前半は石炭の時代でした。石炭の燃焼による蒸気の利用や直接に燃焼熱を利用するなど、幅広く、産業をまた暮らしを支えてきました。20世紀の後半には、石油に主役が移ります。固体よりも液体のほうが利便性が勝っているためです。近代の化学の発展も石炭化学に始まります。21世紀には石炭をどのように活用することになるでしょうか。それは、今、再生可能エネルギーとの共存を模索しているところでしょう。現状では、火力発電を直ちに閉鎖することはできないからです。

　世界的に見れば、発電の主力は石炭火力です。アメリカ、中国、ヨーロッパの国々でもそうです。石炭と並ぶ双璧は、天然ガス火力発電となります。石油火力に大きく頼ってきたのは日本ぐらいでしょう。フランスはエネルギー独立政策として、脱石油を志向して、原子力発電を推進しており、その比率は76%となります。これからを期待される、再生可能エネルギーは、なお多くの国において、発電の中での位置は目立つものにはなっていません。ただ、ドイツでは23%を占めるまでになっています。イギリスで10%、アメリカで6%、中国で3%です。日本の再生可能エネルギーは5%となっています。

第2章

エネルギーを使いやすくする：二次エネルギーへの変換

$$🍎 = 1 \, j = 6.241 \times 10^{18} eV$$

$$20,059 \times 10^{15} \, J$$

11 発電所：天然ガス、石油、石炭などから電力を作る

　発電方式の中でも、主力なのが火力発電です。

　火力発電では、まず天然ガス、石油、石炭などを燃やし、水蒸気を発生させます。水蒸気のエネルギーをタービンの回転に換え、その力で発電機を回し、電力を生み出すことから、汽力発電ともいいます。汽力発電には、原子力発電も含まれます。これが、一次エネルギーの二次エネルギーへの変換です（エナジー・コンバージョン、転換ともいいます）。ちなみに、分子間の引力から解き放たれた水蒸気は1700倍と膨張します。その力を活用します。

　発電や自動車などの熱機関の仕事は、入る熱と出る熱の差によって発生することを、サジ・カルノー注11らが解明しました。また、この熱力学の確立によって、熱効率は「100」には達しえないとされています。これは、熱によるエネルギーを100％活用することはできないということです。

　この世界の物質は絶対零度でその活動に終止符を打つため、系外に排出する熱をゼロにすることはできません。電気抵抗や摩擦熱などもあるので、一次エネルギーの利用には自然摂理の限度があります。熱を利用するほどにエントロピー注12は増大するのです。

　のちの学者がエントロピーを $\overset{\text{デルタ}}{\Delta}$ S と定義しました。これはカルノーに敬意を表したのでは、との憶測もあります。

　火力発電の熱効率は、現有発電設備では40％といったところですが、これまでの先人の努力の成果は著しく、新設の発電設備では、蒸気の高温化や多段利用（コンバインド・サイクル）などの工夫で、60％といった高い熱効率も視野に入っているようです。

　また、タービン回転に使ったあとの蒸気を熱源としてさらに利用する、コジェネレーション・タイプでは、総合効率で80％を実現しています。いずれにしても、一次エネルギーを二次エネルギーの電力に変換するには相当の熱エネルギーの損失が避けられません。発電所から需要者に届ける間に、今のシステムでは8％ほどの電力が逃げています。

　なお、熱効率を改善するには、ヒートポンプによる環境熱を電力に活用することが有効です。

Thermal power plant
(Work and Loss)

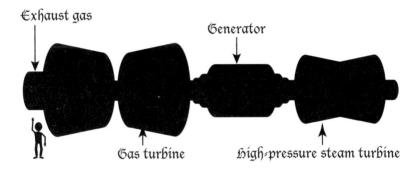

Exhaust gas

Generator

Gas turbine

High-pressure steam turbine

Loss=4,324

単位：10¹⁵J

なぜエネルギーロスは発生する？

　エネルギーは様々に形を変えます。その中で、私たちが有効に活用できるものは限られています。あるエネルギーに仕事をさせようと、使い勝手の良い形に変える時、すべてが都合の良い形にできるわけではありません。

　例えば、発電機をタービンの動力で回転させて電力を生み出す時、そのすべてを電力に換えることはできません。自動車のエンジンの往復運動をタイヤの回転に伝える時、そのすべてを自動車の走行に使うことはできないということです。

　ニューコメン[注13]の大気圧蒸気の工夫や、イギリスのワットの蒸気機関の改良、オットー[注14]の大気圧ガスエンジンの開発などは技術者の経験による工夫の成果でした。やがて来るガソリンエンジンの理論的基礎は、カルノーの「火の動力、および、この動力を発生させるに適した機関についての考察」と「覚書」（1824年）を嚆矢とします。カルノーはナポレオン幕下の軍人を父に持つ軍人で、対英敗戦を機に、産業基盤の確立が国力の根幹と痛感し、その基礎を探求したといわれています。これが、熱力学第2法則です。この法則を確認したのはイギリスのケルビン卿で、カルノー・サイクルから絶対温度を定義します（1848年）。この時カルノーは、コレラで夭折していたため、この世にありませんでした。

　これ以降、炭鉱の排水を目的とした大型蒸気機関を経て、エアエンジンの開発に技術者の目が向けられます。蒸気から空気活用への転換です。イギリスのスターリングの「スターリングエンジン[注15]」（1816年）もこの流れから生まれました。この動力の力不足を解消するため、ガスの活用が始まり、ガスエンジンが開発されます。その時、石油の姿はまだ見えていません。オットー・サイクル[注16]の「新型エンジン」がパリ万博に出展されたのは1878年です。この時から1890年に独立するまで、ドイツ・オットー社には自動車

メーカーを設立した、ダイムラーがいました。

　ガソリン自動車は、ドイツのベンツとダイムラーによって、1886 年に開発されました。ちなみに、メルセデスベンツ社の「メルセデス」はダイムラーのビジネスパートナーの娘の名からといいます。

　現在の進歩したガソリン車でも、その熱効率は 20 ～ 25％と計算されています。エンジンの熱効率に加えて、摩擦ロスや抵抗ロス、冷却ロス、アイドリングによるロスなどがあるためです。

　鉄道では、スティーブンソンの「ロケット号注17」がリバプールにて時速 15 マイルで走り、その実績を基に、1823 年、彼は父親のジョージ・スティーブンソン、エドワード・ピース、マイケル・ロングリッジらとともに蒸気機関車製造会社ロバート・スティーブンソン・アンド・カンパニーを設立します。

　日本では 1872 年に、「汽笛一声新橋を」の始発駅、新橋－横浜間にて初めて汽車が走りました。機関車や枕木はイギリスのスティーブンソン社からの輸入だったそうです。鉄道博物館（さいたま市）に「1 号機関車」として保存されています。「2 号機関車」は京都の加悦にあり、産業考古学会の推薦産業遺産となっています。

　世界の発展を支えた蒸気機関車は、やがてディーゼル機関車、電気機関車にその重責を譲ります。近代化された蒸気機関車でもその熱効率は 10％ほどでした。しかし、役割を終えたあとも、その躍動感ある走りは「てっちゃん」たちを惹き付けています。中でも、日本の「D51 形蒸気機関車」（愛称：デゴイチ）は人気者です。1936 年以降、長く生産され、日本全国の貨物列車、旅客列車を引っ張って走り、日本特有の急勾配も制覇しました。1975 年に定期運行を終えますが、今でも特別運行で走っている姿を見ることができます。そこには夢があります。手作り感といって良いでしょう。

エネルギーロスを減らすには どうすればいい？

　エネルギーロスは物理原則が示すようにゼロにはできません。しかし、エネルギー源の転換ロスを抑えることによって、またその転換されたエネルギーを有効活用することによって、エネルギーを最大限に活かす工夫が続けられています。この面では、日本の技術者の奮闘が光っています。

　日本は、発電では、その熱効率を世界一としています。自動車でもハイブリッドエンジンの開発などで世界の先頭を走っています。新幹線のすばらしさはいうまでもないでしょう。これらの工夫はエンジン単体ではなく、走行システムの管理運用システムと相まって、安全で快適な交通手段を世界の人々に与えています。そして、それを支える市民の需要があります。利用（消費）あっての生産（サービスの提供）です。日本で成功した「モノ」は世界で通用するといわれるのは私たちの誇りと思って良いでしょう。ただ、発想の起点が英米に及ばない点は謙虚に認めなければなりません。

　だからといって、卑下することはありません。その時々の「比較生産」ということです。集中の問題です。「おもてなし」の精神です。日本型経営は一部否定されましたが、その製品サービスの基本は揺らいでいません。先日も、自動車の最新の製造現場を訪れました。その徹底した工程管理とロボットなどによる自動化や人材、労働の活性化などに感激しました。経営論的には「プッシュ型」から「プル型」とされる昨今の風潮ですが、これはそう割り切ったものではありません。

　これから尽力すべき分野は「省エネ」でしょう。一時期見られた「空気と水とエネルギーはタダ」という思い込みはさすがに影を潜めたようですが、まだその努力は端緒に過ぎません。技術者の工夫はもちろんですが、消費者の努力も欠かせません。

　マスプロダクション・マスコンサンプションからの脱皮がなされ

ていますが、自然と環境に対する謙虚な対応がさらに確認されていくことになるでしょう。

　エコハウスもその一端を担うものです。単に外気からの遮断という建築業者の意図するものではなく、自然環境と一体となった街づくりを基礎とした生活です。ヒートアイランド現象を抑えることもその工夫の一つです。都市への集中を将来にわたってどういう姿にするかも肝要です。全国的なエネルギーネットワーク、総合エネルギーシステムの工夫はその第一歩となるでしょう。欧米の先駆けを許した電力の自由化も工夫次第でエネルギーロスを大きく抑えることになりましょう。当面は国単位で、やがて、地域単位で、さらには国際的に、そして世界最大のシステム展開をすることでしょう。一人一人が市民としての生活スタイルを確認して、それを国の政策が後押しすることによって、エネルギーロスを抑えることができるでしょう。自然との共存という、日本の本来の感性が活きる場面でもあります。

　2020年の東京オリンピックのテーマは「エコ」です。オリンピック施設の「エコ」とともに、運営の「エコ」、参加の「エコ」が共存するオリンピックは後世に語り継がれるでしょう。これまでの万博とオリンピックの成果は広く世界の生活を豊かにしてきました。

　エネルギーロスとは何かを一つ一つの生活の中で考えていくことは、エネルギーロスを減らす基本でしょう。減らすことは単なる節約ではありません。資源の有効活用です。それが私たちの知恵の見せどころです。豊かな生活に向けての努力です。食料の残渣が３割になるという数字もあります。これは、エネルギーの３割以上が捨てられているということです。待機電力も数％になっているようです。一つ一つ抑える工夫をしていきましょう。

12 自然エネルギー：太陽の恵みを活かし電力などを作る

　新エネルギー（ニュー・エナジー）、再生可能エネルギー（リニューアブル・エナジー）、持続可能エネルギー（サステイナブル・エナジー）、代替エネルギー（オルターナティブ・エナジー）などと、これまでのエネルギーに換えて、地球環境に負荷がかからないもので、枯渇の恐れのないものが、社会システム面・技術開発面から探求されています。それらは、太陽の活動からのエネルギーを活用する、自然のエネルギー（ナチュラル・エナジー）です。リサイクル・エネルギーもあります。

　日本は高度成長に伴う公害を体験したことから、環境に対応した技術開発に努め、石油危機には省エネルギー技術に集中して、現在の経済基盤を築いてきました。地球温暖化への対応も、京都議定書を契機に、排出権取引などの仕組みもあり前進しています。

　日本は、そうした経験と実績の上に、太陽光発電や風力発電、中小水力発電、地熱発電の技術も着実に展開しています。

　政府も、NEDO（新エネルギー・産業技術総合開発機構）などを充実させて、これからの地球文明の持続的発展を目指して、新しい時代のエネルギー展開に備えています。

　エネルギーバランス・フローには、一次エネルギーとして「再生可能・未活用エネルギー」（本書の表では「再可未活エネ」、従来は「新エネ等」）と一項目が挙げられています。それには、太陽光発電、風力発電、太陽熱利用、ごみ発電、バイオマス利用などが含まれています。日本の太陽光発電は、世界の中では10％、風力発電は0.8％のシェアです。

　世界で見ると、再生可能・未活用エネルギー供給は風力発電が筆頭で、次いで太陽光発電、バイオ燃料、地熱発電となっています。2000年に比べて、風力発電が1.8倍、太陽光発電が112倍、バイオ燃料が7倍、地熱発電が1.4倍になっています。

Natural energy

Wind-power generation

Hydroelectric power

Generator

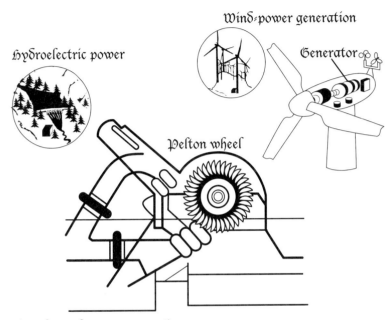

Pelton wheel

Geothermal power generation

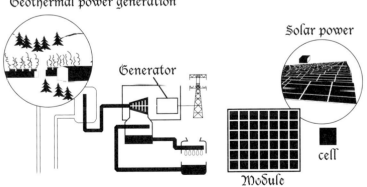

Generator

Solar power

cell

Module

日本に一番適した 再生可能エネルギーとは？

　水力、太陽光、風力、地熱と日本に存在しない再生可能エネルギーはありません。私たちの先達はそれぞれの工夫で、これらの力を活用してきました。工夫次第でいずれのエネルギーも入手できるでしょう。さて、それではどこから入ればいいかです。

　私たちには20世紀の文明を確実に手に入れてきた歴史があります。それは私たちの中にまだ息づいています。日本は比較的狭い国土で、1億人強の人口を支えています。「資源」が乏しいとの評価の上に、世界との交流を通じて、今の民力を持っています。生活基盤をその生活環境に合わせて調整していくことによって、これらのエネルギーを存分に活用しましょう。どれが一番か悩むことはありません。すべてをその特性に応じて工夫していけば良いのです。そのためには、21世紀以降の日本の社会をどのように築いていくかの選択を、今、決断することが求められています。

　ただ、その意思の赴くところは地球環境とともに、との精神を根付かせたものでなければなりません。あとは工夫次第です。強いていえば、日本は海洋国家です。相対的に小さな陸地国土の外に比較的広大な海洋領域を持っています。その恵みを最大限に活かしましょう。再生可能エネルギーにおいて、ここに世界に貢献できる場面があるでしょう。

　20世紀における日本の活躍は、この点を利した、インフラの整備による経済交流の確立にありました。エネルギーなど色々な資源を世界の様々なところから手に入れて、それを利用、または加工し、価値あるものとして生産し、世界の各地に還元して、大きな経済力と文化力を築いてきました。

　21世紀に入って、その力、展望にやや陰りが見えてきたのは否定できません。しかし、200ヶ国に届こうかという国際社会、いずれ90億人に迫ろうというこの人類社会において、1億人余を有

する日本の力はいまだに抜きんでている存在でありましょう。

　人類の住まいあるところや、それまでの文化のありようにはそれぞれの豊かさと恵みの享受があります。それぞれの人々に、それぞれの土地土地に、育んでいる文化があります。暮らしがあります。未来があります。生きる力があります。自然との共生があります。そこで、今、私たちの始める出発点としての再生可能エネルギーの基盤としては、まずは太陽光発電というのが大方の理解するところでありましょう。

　日本の安全保障の観点から、太陽光発電の技術力・生産力の優位性が揺らいでおり、他国依存となる懸念も、また国際収支の財布の揺らぎなどの心配も一部にはあります。しかし、そこは 20 世紀の国際社会を生きてきた私たちの知恵の見せどころでしょう。

　いずれにせよ、電力設備を含め車社会をどうするかなど、いわゆるインフラの整備は超長期的展望の上に築かれるものです。「国家百年の計」といいます。夢を持ってこれからの世を照らすことに邁進することが肝要です。日本の人々はもちろんのこと、地球人類をあまねく視野に入れた「世界百年の計」を立てて進むことです。

　20 世紀の日本は、欧米の文化と政治経済の力を視野に励んできました。その成果が今の日本に結実しています。欧米の力に抗しえない時もありましたし、まだ及ばないところもあるでしょう。

　しかし、今後の経済発展や文化の継承・展開を目指す人々にとって、一隅を照らす存在でもあります。産業文明の一翼を担ってきた日本ならば、これからの新しい世界文明に寄与する力はまだあるでしょう。再生可能エネルギーの展開も日本から世界に発信することを内に秘めて進めましょう。

13 鉄を作る

鉄（本来は鐡）は火（熱、灯かり）とともに文明の根幹を支える基盤です。鉄はアイアンと呼ばれますが、元素記号は Fe（ラテン語の ferrum が語源）です。この地球を形作っている基本の物質の一つになります。融点は 1,536℃、沸点が 2,863℃で、本来の姿は銀白色です。「鉄は青かった」というエッセイがありましたが、鉄はプルシャン・ブルーで、美しいものです。日本刀にその真髄が見られます。

鉄から炭素含有量を相当に落としたものが、鋼（はがね）です。いうまでもありませんが、様々な用途に使われています。

発電機を回す大きなタービンの軸もこの炭素をとことん落として、毎分 3,000 ～ 3,600 回の回転をほぼ永続的に維持しています。この回転軸のメーカーである製鋼所では、日本刀の研究を続けながら、その製造を究めています。私もその工場を訪れ、作業現場に立ち会う機会があり、関係者の熱意に感動しました。

この鉄（銑鉄、ピッグ・アイアン）を作るには、石炭が必要です。日本は鉄鉱石を海外から輸入しています。鉱石は酸化鉄ですので、その鉱石を高炉で還元して銑鉄とし、さらに転炉で炭素分を調整し、鋼（鋼鉄、鉄鋼、スティール）とし、そこから様々な鉄鋼製品などを生み出します。還元にはコークスを用います。そのコークスはオーストラリアなどからの輸入炭である粘結性のある石炭（原料炭）から作ります。銑鉄をそのまま利用するのが鋳鉄（ちゅうてつ）です。

鉄鉱石はオーストラリア、ブラジル、南アフリカからの輸入が大半ですが、カナダ、インド、ロシア、チリ、ウクライナなどからも輸入しています。ブラジルから輸入するには専用船で 35 日ほどかかります。

高炉での製鉄は、豆炭状に固めた鉄鉱石をコークスのガスで還元して、次いでコークスの炭素と作用させる、間接還元と直接還元の連続プロセスです。熱効率は 70％ほどになります。高炉を使わない直接還元製鉄という手法もあり、その場合は天然ガスを使います。

ちなみに、鉄分は生体にも不可欠となります。

Iron Ore

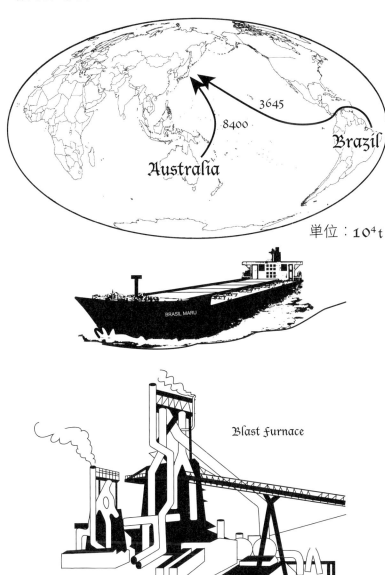

3645

8400

Brazil

Australia

単位：10^4 t

BRASIL MARU

Blast Furnace

鉄にも色々な種類があるの？

　鉄は鉄鉱石から高炉によって銑鉄を生産し、続く次のプロセスで、それを加工して、様々な鋼材を作ります。

　鋼材には普通鋼と特殊鋼があります。普通鋼は条鋼（小型棒鋼、H型鋼、鋼矢板、普通線材など）、鋼管（継目無鋼管、電縫鋼管など）、鋼板（熱間圧延鋼板、冷間圧延鋼板、めっき鋼板など）、それに鋳鋼、鍛鋼、鉄粉などです。特殊鋼としては構造用鋼、快削鋼、軸受鋼、ばね鋼、耐熱鋼、ステンレス鋼などが生産されます。

　鉄鉱石は、酸化鉄の状態で鉱山から採掘されます。これを高温下でコークス、石灰を用いて還元して銑鉄にします。銑鉄には炭素が2～10%含まれていますので、工業用にはもろいものです。これを転炉で吹いて鋼（スティール）とします。炭素は0.04～0.6%近くまで落とされます。炭素の含有度合いによって鋼の軟硬程度が決まり、その製品特性が定まります。特別極軟鋼は電線、溶接棒、包丁の地金などに、極軟鋼はブリキ、薄板、鉄筋、釘、針金などに、軟鋼（マイルドスティール）は橋梁、船舶用鋼板などに、半軟鋼は車軸、トロッコレールなどに、半硬鋼はショベル、スコップ、クランクシャフトなどに、硬鋼（ハードスティール）は鉄道レール、自動車クラッチなどに、最硬鋼は縫い針、ばね、ピアノ線、刃物、やすり、工具類などに利用されています。

　製鋼用のほかに、鋳鉄用の銑鉄があります。これは「鋳物」で、鋳物用銑鉄は鼠色をしているところから「鼠鉄」とも呼ばれます。かつて「キューポラの街注18」であった川口の工場に多く存在していました。

　圧延ロールを経ない製品に、鋳鋼（キャストスティール）、鍛鋼（フォージドスティール）があります。

　鋳鋼は、土木（土建機械など）、機械工業（金属加工機械、剪断機、プレスなど）、鉄鉱（高炉、圧延機など）、船舶（主機、船体

メインフレーム、プロペラ、錨（いかり）など）、自動車、鉄道（連結器など）、その他には鉱業、電力、化学機械、石油機器、繊維機械、窯業、兵器などに使われます。発電のタービンなどの大型製品向けには鍛鋼が出荷されます。日本の技術は日本刀技術の蓄積もあって世界一のもので、世界の発電用タービンの軸を生産しています。

　需要としては自動車向け（薄板など）がメインで、次いで土木建築（形鋼（かたこう）、棒鋼、厚板、鋼管など）となっています。産業機械・電気機械（形鋼、棒鋼、厚板、薄板など）、事務用機器（薄板など）、造船（棒鋼、厚板など）も鋼の利用で成り立っています。

　鉄は「銀白色の金属。元素番号26。代表的な強磁性体（磁石にくっ着きやすい性質）。（中略）地殻中では四番目。地球全体では最も多く存在する元素」です。「鉄は湿った空気中で酸化されやすい。使い捨てカイロや食品の脱酸素剤には鉄粉が含まれ、この酸化作用が利用されている。（中略）生体内ではほ乳類の酸素運搬体であるヘモグロビンをはじめ、多くのタンパク質に含まれている。」（「　」内ともに『理科の探検』、2012年夏号より引用）。

　この宇宙、地球、人類をはじめ生物にとっての基本元素の一つです。人体には約6gあります。地球のコアは灼熱の鉄です。この鉄が元素として最も安定しています。人類は紀元前5000年頃、宇宙から飛来した隕鉄（いんてつ）をもとに鉄を利用し始めたといわれています。

14 ガソリン、プラスチックなどを作る

　一次エネルギーの中の石油は製油所で精製されて、ガソリンなどの燃料やエチレンなどの石油化学の基礎製品に転換されます。そのプロセスには、常圧での蒸留[注19] を基本として、水素化脱硫[注20]、接触改質[注21]、減圧蒸留[注22]、間接脱硫[注23]、流動接触分解[注24]、熱分解[注25]、分解油水添脱硫[注26] などの過程があります。蒸留の温度差によって、オフガス[注27]、石油ガス留分・LPG（〜 35℃）、ガソリン・ナフサ留分（35 〜 180℃）、灯油留分（170 〜 250℃）、軽油留分（240 〜 350℃）、残油（〜 350℃）が取り出されます。ガソリン・ナフサ留分からは脱硫・改質を経てガソリンとナフサが、灯油留分からは脱硫を経てジェット燃料と灯油が、軽油留分からは脱硫を経て軽油が、残油からは減圧蒸留を経て重油、潤滑油、パラフィン、アスファルト、石油コークス、回収硫黄[注28] などが生産されます。

　それぞれの留分をどれだけ生産するかは、輸入する石油の性状によって異なります。その性状は油田ごと、またその貯留する場所によっても違います。蒸留塔で蒸留しますので、これらの製品は基本的には「連産品[注29]」となります。そのため、どれか一品だけを生産することは技術的にはできません。それに、その生産コストは配分コストとなります。

　一例としてあげますと、石油（原油）をベースに、得率（イールド）は、LPG が 2 ％、ガソリンは 26％、ナフサが 9 ％、ジェット燃料は 6 ％、灯油が 9 ％、軽油が 20％、重油は 19％、潤滑油が 1 ％、その他にパラフィン、アスファルト、石油コークス、回収硫黄、オフガスなどが生産されます。

　LPG は家庭用のガスやタクシーの燃料に、ガソリンは乗用車の燃料に、ナフサは石油化学の原料に、ジェット燃料はジェット機の燃料に、灯油は家庭用燃料に、軽油はトラックやバスの燃料に、重油は船舶や産業用ボイラーの燃料に、潤滑油は産業機械などの機械油として、パラフィンは被膜剤、撥水・防水材などに、アスファルトは道路の舗装や燃料に、石油コークスは電極やセメント焼成用に、オフガスは製油所燃料にと向けられます。

Oil Industry

Distillation column

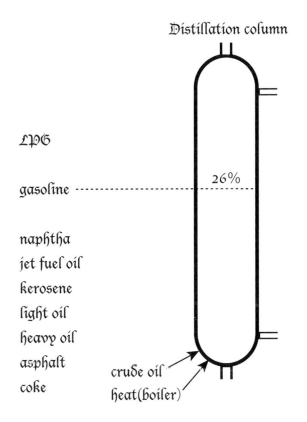

LPG

gasoline --------------------------------   26%

naphtha
jet fuel oil
kerosene
light oil
heavy oil
asphalt
coke

crude oil
heat(boiler)

石油からどんな製品が
作られている？

　石油（厳密には原油）は精製によって、石油ガス、ナフサ、ガソリン、ケロシン、軽油、残油に分留されます。石油ガスはLPGに、ナフサは石油化学の原料に、ガソリンは自動車用燃料に、ケロシンはジェット燃料と灯油に、軽油はディーゼルに、残油は船舶燃料やアスファルトになります。潤滑油もこのプロセスに連携して生産されます。

　石油製品という時、多くの場合、このうち石油化学の原料としてのナフサ分解によって生産される石油化学製品と、それを加工したプラスチックなどの工業材料、そして幅広くその素材から作られた色々な製品を指します。

　石油化学製品としては、エチレン、ポリエチレン、ポリプロピレン、ポリスチレン、アクリロニトリルなどの汎用製品と、ベンゼン、トルエン、キシレン、パラキシレンの芳香族群、加えて、塩化ビニル樹脂、塩化ビニルモノマー、エチレンオキサイド、テレフタル酸、カプロラクタム、スチレンモノマー、アセトアルデヒド、合成ゴム（SBR、BR）、酢酸、水素、メタンなどがあります。

　これらから、様々な樹脂などが作られます。エチレンはこの中で生産量の多い製品です。重合してポリエチレンとし、フィルムやパイプ、成形品の原料となります。同じく、重合してポリプロピレンとし、成形品、フィルムや繊維の原料となる、プロピレンは、エチレンなどとともにオレフィン（炭素二重結合を持つ化合物の総称）と呼ばれます。こうした成形品は様々に加工されて、多様なプラスチック製品や合成繊維となります。スーパーのレジ袋はポリエチレンから、PETボトルはテレフタル酸とエチレンオキサイドを加水分解したエチレングリコールを脱水結合させて作ります。テレフタル酸は芳香族のキシレンの酸化によって、エチレンオキサイドはエチレンと酸素を合成して作ります。そのため、PETは酸素を多く

含むプラスチックです（熱量は高くない）。

　芳香族の BTX（ベンゼン、トルエン、キシレン）からは合成洗剤の原料、溶剤などが作られます。芳香族とは、それらが香りを持つのでつけられた呼称です。ABS 樹脂、ポリプロピレンなども汎用プラスチックです。これらの耐熱性は、ポリプロピレンを除き、100℃未満ほどです。エンジニアリング・プラスチックには、ポリカーボネート、ポリアミド（ナイロン）、PTFE（フッ素樹脂）などがあり、機械的特性、耐熱性、耐薬品性、吸水性、成形性などの特性を持つため、工業製品に幅広く使われています。

　ポリオレフィン（ポリエチレン、ポリプロピレンなど）は各種フィルム、バケツ、浴用品、業務用容器、密閉容器の蓋、ボトル、チューブ、電線被覆、灯油缶、買い物袋などの袋類、食品包装、透明ファイル、荷造り紐、各種ホース・パイプ類、繊維などに使われています。スチレン系は GPPS（汎用ポリスチレン）が透明家庭用品、玩具、プラスチック・モデル、包装用フィルム、食品トレー、断熱材、緩衝材などに、HIPS（耐衝撃性ポリスチレン）が家庭用品、家電などのハウジング、玩具、文具などに、AS 樹脂（アクリロニトリル・スチレン）が透明パネル、機器のシャーシー、歯ブラシなどに、ABS 樹脂（プラスチックの特性である、成形性、電気特性、柔軟性、耐衝撃性、耐熱性、剛性、耐薬品性を備えたもの）が家電のハウジング、冷蔵庫の内槽、取っ手類などに使われています。

　塩化ビニルは硬く、耐久性があり、燃えないもので、複雑な加工もできるため、フィルム類、建材・土木資材、工業製品、化学プラントなどに使われています。

　アクリル樹脂は日用品、家電関係、建材などに幅広く使われています。高い透明度を持ち、有機ガラスともいわれます。

石油製品は有害？　無害？

　塩化ビニル、ダイオキシンに注意警報が出ています。塩素系は消毒作用を持ちます。それは域を超えれば害毒となります。DDT（ジクロロジフェニルトリクロロエタン）が典型的でしょう。一時期有害物質の代表とされて、生産・使用が止められましたが、その後マラリア対策から再利用となりました。

　その製品が有害か、無害かはリスク管理の問題です。モルヒネなど薬品と称するものの多くにこの関係が認められます。「過ぎたるは猶及ばざるが如し」ということもあります。ある時、漢方を少し習いました。ですが、本場の処方は日本人にとって強すぎることを体感しました。鍼灸でもその感じは変わりませんでした。大陸に比べて、日本の鍼は繊細です。その地域の文化や生活の中で、生薬でもその使い方と作用のプロセスが異なる場合があります。

　石油製品の環境への課題としては、プラスチックの海洋での浮遊が課題となっています。古代からの石油を分解して取り出した、プラスチックなどの石油製品は腐食性が乏しいために、意識的にまた無意識に投棄されたそれらは、やがて海洋に漂います。そして、海洋の生物たちに危険なものとなるのです。

　石油製品と並んで、時に大きな問題を投げかける課題に、石油そのものの流出があります。石油が海洋に漂いますと、海洋環境を破壊します。そこに棲む生物に大きな影響を及ぼします。世界の海上輸送の多くは石油製品（ディーゼル）で走ります。そこで、時にその油が漏れることがあります。中でもトップランナーはタンカーによる石油の輸送です。タンカーの事故でアラスカの海の環境が破壊されたことがあります。世界最大の石油会社のタンカーであるエクソン・バルデス号がアラスカの港を満タンで出港したあとに座礁して、大量の石油が海上を広く覆いました。その後処理には大変な苦労が伴いました。アメリカの石油の多くを生産しているメキシコ湾

の中で、海底深く、掘削中の石油スーパーメジャーのリグ（海洋掘削装置）に不具合が生じて、海底から圧力の高い石油が暴噴しました。火災となります。消火作業に後れをとり、大量の石油が海上に漂いました。生物環境に加えて、漁業の問題もあります。生活のかかることです。こうしたこともあり、資源開発には先住民のことを配慮する規制がなされています。イヌイットやアボリジニの先住権です。

　地上にある鉱山の開発で見れば、鉱毒や大規模な資源開発による自然環境の破壊の問題があります。大規模な銅鉱山の開発に関与したことがあります。銅鉱山には金鉱脈に付随するものがあります。その採掘と精錬には様々な薬品を用います。その残渣は川に流入して、生息する生物に、そして、周囲の住民に薬害をもたらします。日本も、水俣病、イタイイタイ病など、痛恨のことを経験しました。日本は公害先進国でもあります。その被災とそれを克服した両面の経験です。かつて、まだ成田国際空港が開設される前のことですが、海外から帰任して、羽田空港の上空から高度を下げる時、その視界に地上の景色がなかった時代があります。スモッグです。話が飛びますが、光化学スモッグ現象もありました。

　それに、社会現象としてのリスクもあります。まだ経済面で豊かになっていない土地では、子どもたちが様々なリスクを冒して、その生活の糧を得ています。ごみ処分場やぼた山で、また交通の激しい道路上での作業です。有害か無害かは大きな課題です。もちろん、今でも、レイチェル・カーソンの『沈黙の春注30』は考える基本を伝えています。なお、DDTを発見したミュラーには、1948年、ノーベル医学生理学賞が与えられています。

15 セメントを作る

　セメント・コンクリートはコンクリートの代表格です。セメントを作るには、鉄と同じくコークスを使います。輸入した原料炭から作ったコークスを石灰岩粉とともに燃やし、高い温度で石灰岩粉を副材とともに焼成して、液状のものとし、それを冷却して塊状のクリンカーとし、粉砕し、セメントを作ります。クリンカーは焼成過程でフェライトやアルミネートなどを含んで、黒色になります。セメントを作る時に利用する、筒状の大型の焼成炉をキルン（回転するので、ロータリー・キルンとも）といいます。

　焼成では、石灰岩の主成分、炭酸カルシウムを化学分解させて、酸化カルシウムとします。この分解プロセスでは二酸化炭素が出ます。潜在水硬性[注31] の高炉スラグ[注32] を混載し、増量して、二酸化炭素の生成を抑える工夫もされています。

　石灰石（ライムストーン）は、白亜紀を中心とした、生物の骨質からなるもので、資源の乏しい日本を含め世界中に賦存します。

　私は友人たちと軽いハイキングをしますが、その中で秩父の武甲山の変容を目の当たりにしています。遠目には山容をとどめていますが、近くを散策すると、長年の採掘で、山の姿はかつてとは様変わりしました。これも日本の高度成長の一つの象徴です。

　セメントの呼称は、特許「人工石製造方法の改良」（1824 年）で、アスプデイン[注33] が「ポルトランド・セメント」としたことによります。「ポルトランド」は良質の石灰岩を産したイギリスの島からといいます。セメントは水硬性セメント（ハイドローリック・セメント）の一般呼称となっています。

　これがのちに実用化されて、コンクリート道路が作られます。1865 年のスコットランドでの建設が嚆矢とされ、20 世紀に入り、輸送網による国力の確立を進めるに当たって普及します。

　コンクリートはセメントを活かした土木・建設の基本資材です。コンクリートは骨材（10mm ほどまでの砂、砂利）を、セメントをペーストにして（水和反応させて）固めたもので、容積比でセメント 10％、水 15％とされています。コンクリートを作る時、ミキサー車が走るのはこのプロセスからです。

Cement

Kiln

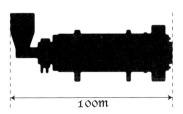

100m

Ready-mixed concrete vehicle

なぜ日本でも
石灰石は採掘できる？

コラム

　資源の少ない日本ですが、石灰石は自給です。石灰石は炭酸岩塩の一種です。酸化カルシウム、水酸化カルシウムの形で賦存します。この存在が日本の近代産業を支え、今の日本に繋がります。古く太平洋の海底に沈んだ生物の骨分が堆積し、それがプレートの動きによって、東に移動し、日本列島のそこここに溜まったのが成因とされています。鍾乳洞はその石灰が水で溶解したあとの洞穴です。ほかの堆積岩（火成岩、頁岩、砂岩）組成の主成分はシリコンです。

　長年の採掘で、武甲山（秩父市）の相当の量がビルや工場、橋梁、道路などに使われました。東京方面から見ると山容をとどめていますが、裏に回るとかつての容姿はありません。東北の鉱山では露天掘での生産が続いており、日本の「グランドキャニオン」として観光の一環となっています。

　石灰石の用途は様々です。身近な製品の中にも色々と使われています。炭酸カルシウム（タンカル）といえばその一端が分かるでしょう。成因から当然のことですが、石灰はカルシウムです。ラテン語で石ころを意味する言葉が語源となっています。カルシウムは金属元素であり、人体には1kgほどあります。また、製鉄ではコークスと並んで必須の原料です。

「ライムライト[注34]」という映画がありました。ライムライトは日本語に訳すと、「脚光の中に」。舞台の照明が白熱灯になる前は、「名声」の代名詞でもありました。固形の石灰に水素と酸素を吹きかけて、高温として、白熱光を出していた時代の話です。

第 3 章

供給：電力、都市ガスなどを私たちに届ける

16 電力：パワー・システム

　発電所から工場・事務所・家庭まで、電気を送り届ける一連の作業を「電力系統」、略して「系統」と呼びます。最近では、パワー・グリッドともいいます。この作業を滞りなく運用するための発電から送電、配電へのエンジニアリングが電力系統ダイナミックス（パワーシステム・ダイナミックス）です。

　新しい自然エネルギーからの電力や電力自由化による既存の「系統」の外からの電力を活用するには、この「系統」の運用をいかにスムーズに調整していくかが基本となります。

　今、電力は、都市部など電気を必要とする場所から遠く離れた海岸や山の中の大規模発電所で大電力を起電して、それを使用する場所まで送り、配っています。

　例えば、2万V（ボルト）で発電した電力を50万Vに昇圧（変電）して都市部の近くまで送電し、そこで2万Vや100Vに落として（電圧を下げて）工場や事務所、家庭に配っています。抵抗などによる送配電の損失を抑えるためです。そういえば、「君のひとみは10000ボルト」という歌がありました。でも、雷は1億V超です。

　電力は使用量と発電・配送電量が一致することを前提とする「商品」です。消費に合わせて発電所などのオペレートなどを瞬時に対応させることが基本動作となります。その調整が間に合わないと、周波数が乱れ、電圧がぶれてしまいます。電力は電磁波ですから、そのスピードは光速度（c）です。光速度は毎秒約30万kmです。月までは1秒ほどで到達します。ちなみに、「c」はラテン語の「速度」の頭文字です。光子は静止質量、ゼロとされています。

　火力発電では2〜5％のぶれであれば1分間で回復できるといいます。電力会社の中央給電指令所に、担当の人たちが日夜詰めて見守っています。

　日本の電気使用量は季節や一日の時間帯などでのぶれが大きいのと、台風や豪雪といった気候の条件に立ち向かうことも求められますので、それなりに工夫がされています。しかし、余裕電力に幅を持たせたり、保守に手間暇をかけたりといった面もあり、なお知恵の出しどころとなっています。

Power System (Dynamics)

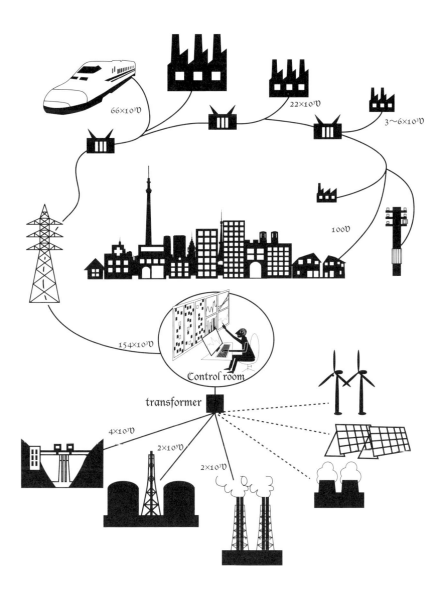

| コ ラ ム | 世界の電力事情は
どうなっている？ |

2016年、日本で電力の自由化が敢行されました。欧米は日本に先立って、電力の自由マーケットの導入を進めています。自由化というのは、自由マーケットの創設によるものです。需給バランスがマーケットで決まる仕組みです。提供者（生産者）と需要者（消費者）がマーケットの状況を睨んで、最適解を見通して行動することを前提としたものです。

電力の自由化の成否はそうしたマーケットの自己責任の行動の貫徹性を確保できるか否かにかかっています。日本では、欧米の動きを追いながら、準備を進めていましたが、東日本大震災の東京電力や政府の行動の不味さから、自由マーケットへの流れが加速されました。電力の取引市場の整備や電力連系のシステムなど、なお完全に了解されていない課題も数多く残っています。

スマートメーターの開発によって、スマートシティへの道も開けていますが、しばらくは試行錯誤のプロセスとなるでしょう。指標（メルクマーク）としてはケータイの流れを参照しながら検討し、実現していくことになります。消費者として、何を基準に選ぶかは、それをどう受け入れたか、どう判断したかを基礎に自身の判断の拠り所を振り返ってみることです。

先に走っている欧米での成果はまちまちです。ドイツでは電力料金は下がっていません。しかし、国民に不安はありません。地方自治、市民運動が支えています。太陽光発電をベースに政治が強力にバックアップして、再生可能エネルギーの位置を高めています。現在、なお原子力発電はそれなりの供給を持っていますが、歴史的には石炭火力が中心となっています。ちなみにドイツは、プロイセンによる統一ドイツ形成の歴史の上にある国だけあって、州の自治力の強い国です。ドイツ連邦共和国というだけあります。

フランスは、EUの決定に従って、ある程度進めているといっ

た感じでしょう。日本と同じく、というか、日本よりも徹底して、原子力発電に電力の基礎を置いています。エネルギー・セキュリティーを考えてとのことです。フランスは、自国で必要とする以上の原子力発電容量を維持し、余力を周囲の国々に売っています。東日本大震災の時に放射線汚染対策に自信を持って参入したのは、フランスの会社でした。日本が再処理を委託している国でもあります。

　アメリカでは州ごとに対応は様々です。アメリカも独立の経緯により、州の力の強い国です。USA（ユナイテッド・ステーツ・オブ・アメリカ）という名が表しています。

　2015 年の時点では、電力の自由化が進んでいる州はそう多くないようです。カリフォルニア州のように大停電に遭って自由化を中止し、その後、限定的に再開した州もあります。

　カリフォルニア州はアリゾナ州と並んで、大きな砂漠地帯を持っています。そこではメガソーラーが威力を発揮しています。ウインド・パークもあります。戦略爆撃機の墓場もあるようです。原爆実験の地でもあります。

　イギリスもやや試行錯誤の中にあると見えます。イギリスはノルウェーとの間に北海を有しています。北海油田はそのピークを過ぎましたが、イギリスも、ノルウェーも石油・ガス産出国です。スコットランドの港町にある、北海の石油基地、アバディーンを訪れたことがあります。まだ隆盛の頃です。その山間に入ると、そこはスコッチの里です。ちなみに、オランダのガスも歴史を持っています。イギリスは原子力発電の初期段階の開発に携わった国でもあります。イギリスも地域政治の強い国です。UK（ユナイテッド・キングダム・オブ・グレートブリテン・アンド・ノーザン・アイルランド）です。スコットランド独立の動きも消えていません。

電気の使用量が最も多いのは何月？

コラム

　電力自由化によって、この問題は消えるでしょう。理論的には、自由マーケットでは臨機応変の対応が可能となるからです。甲子園の熱戦で、全国の家庭や職場がテレビに釘づけになり、夏の一時期に消費電力が急上昇して、電力会社が対応に追われたこともありました。また、日本の生産現場の操業状況や職場環境から、国民の電力消費パターンが、大きく単一化してしまい、ワンパターンの電力消費の流れを作っている時もありました。この名残はまだあります。

　日本列島は南北に長い土地です。それぞれに季節性があります。その季節性からその土地土地のパワー・オプションが複数のパターンを呈します。スマートメーターの活躍で、これも解消に向かうでしょう。

　月別や一日の電力消費に大きな変動がある時は、電力供給の発電の操作によって対応するのですが、それもオペレーション・レートをどう置くかで、電力のコストに影響します。自由化の前は、日本の電力会社の使命は「ノー停電」「キープ・サイクル」などと供給の安定と品質の保証を基本としていました。おのずから保有電力容量を厚めにする、保守点検に過剰なまでに気を使うといった面がなかったわけではありません。東日本大震災の処理の中で、国民からは、それには不透明感が漂っていると認識され、見直しが要求されました。電力の自由化が加速したのはそれも一つのきっかけとなりました。

　これからは、電力も地産地消、あるいは自産自消をベースに考えることになりましょう。家庭やオフィスでの太陽光発電など自家発電の導入や工場での自治体との協業、あるいは工場団地的発想の電力体制といった具合に、様々な工夫が可能です。地域暖房システムではかなり進んでいます。教育の現場を見れば、大学などは教育の自治に倣って、オウン・パワーのシステムを運営しても良いで

しょう。学生の起業精神の活躍の場になります。ある団体の産学連携の推進の一翼に入っていますが、産学双方の意思疎通には難しい問題があります。この点では欧米の立ち位置は参考になります。シリコンバレーのベンチャー・キャピタルの方に話を聞いたことがあります。新しい起業の予知についての判断力と経験がそこには根付いています。マイクロソフトやグーグルの立ち上げを担ったシステムです。見識、資力ともに、日米には大きな実力の差があります。また、アメリカの場合、その軍事力の維持・強化からの科学技術の開発推進が民間の力になることもあります。インターネットは有名な例でしょう。

　話は飛びますが、東南アジア・パワー・ネットワークという構想を持っている方もいます。宇宙発電という技術に目を向けている科学技術者もいます。地産地消、自産自消を、ネットワークで、いかに部分最適を一般最適解に結びつけるかも課題でしょう。夢はローカルからグローバルにということです。「グローカル」という造語がありました。未来の日本の隆盛は、技術先進国の力を世界とともに維持・発展させる国民の意思・意欲次第でしょう。チープ・レーバーを求める時代は終わり、クレバー・ナレッジでの協同の時代となります。例えば、日本ではイギリス大使館が日本とイギリスの協業を後押ししています。日本の海外展開を支えるジェトロ（日本貿易振興機構）はアフリカでの企業展開に助成金を出しています。これによって、エチオピアの美しい薔薇や、アフリカの小さな高原の国のサーモン（紅ます）が日本に輸入されています。

　電力消費を時間帯や月単位で安定させることは、電力の運営を確かなものにして、コストを安定させ、電気料金の安定・低下にも繋がるでしょう。チープ・パワーからクレバー・パワーへの転換です。

17 都市ガスなど：導管システム、LPG ボンベ

　私たちの日常ではガスの使用も電力と並ぶ双璧です。エネルギーバランス・フローの一次エネルギー供給では「天然ガス」、LPG を含む「石油製品」があります。最終エネルギー消費では、ガス事業者向けが「都市ガス」となり、LPG 事業者向けが「石油製品」「LPG」となります。

　都市ガスはその名の通り、都市部でのガス供給です。カバーしているのは日本の地域の５％といわれています。その他の地域にはLPG が供給されています。この LPG は石油の精製で生産されるものと産油国などから輸入するものとがあります。

　ガスの使用量としては、都市ガスと LPG がほぼ同量となっています。ちなみに、都市ガスの従業者は約３万人、LPG 供給事業者（販売事業者）は約２万社のようです。街を走るボンベを積んだ小型トラックがそれです。扱う量は小さいですが街に密着した「縁の下の力持ち」となります。

　LPG は家庭用ガスのほかに、都市ガスの熱量調整や石油化学原料にも用いられますが、国内生産よりも海外からの輸入が多くなっています。タクシーも 20MPa（メガパスカル）の天然ガス車が目立つようになりましたが、LPG 車も走っています。

　都市ガスは、LNG 受入基地で、LNG を海水で解凍・気化して、熱量調整などの工程を経て、パイプライン（導管）で圧力輸送して、使用者に届けます。基地からの高圧導管は 70kgf ／ cm^2（キログラムフォース／平方センチメートル）で、これを順次下げていき、中継地点では 1 ～ 3 kgf ／ cm^2（0.1 ～ 0.3MPa）にし、それをさらに100 ～ 250mmH$_2$O（水柱ミリメートル）に下げて、工場、事業所、地域冷暖房、家庭などに供しています。よく見られる円柱のタンクはホルダー、導管の変圧をするところはガバナーといいます。

　ガスの燃焼には大量の酸素を必要とします。そのため、このところ大きな事故は見られませんが、導管の整備もさらに求められています。

Town Gas, Liquefied Petroleum Gas

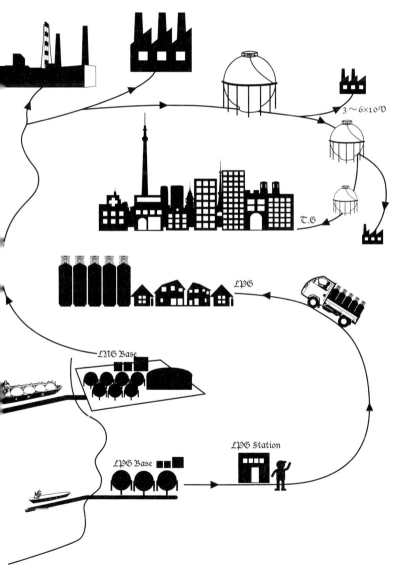

$3 \sim 6 \times 10^3 V$

T.G

LPG

LNG Base

LPG Base

LPG Station

電気とガス、どっちがお得？

　地球に存在する、あるいは人類が利用できる資源量から見れば、電気がおそらく人類にとって、お得なエネルギーでしょう。太陽光発電が注目され、推進されているのはその一環です。ただ、その活用には技術的に、システム的になお課題があります。当面はガスを忘れることはできません。

　石油活用の遺産の上に成り立っているガスは、そのシステムや技術は確認されているものですから、安心して利用できます。しかし、ガスの場合、持てる国と持たざる国との確執は避けられません。日本は持たざる国の典型です。ガスの確保には国際的な環境整備が欠かせません。

　ドイツを中心として、EU がパニックとなった時がありました。プーチンの国威発揚の戦略でロシアが EU への天然ガス供給をコントロールしたのです。とりわけドイツは、かつてソ連の下にあった旧東ドイツを抱えていることもあり、ロシアのガスに相当依存していました。時あたかも、石油・天然ガスのマーケットをタイト感が支配していました。EU は契約不変の法理から押しますが、そこは国際政治の場です。ドイツが太陽光発電に邁進しているのにはこのことがバックにあります。ヨーロッパは緯度で見れば、北海道から樺太の辺りとなります。産業のダメージも大きいですが、国民生活への影響は甚大です。その後、石油・天然ガスマーケットは一転してウィークとなり、国際政治の駆け引きの場となります。

　シリアから発した国際戦略の鬩ぎ合いがあります。聖戦と十字軍的発想の衝突もあります。地政学的問題と称されます。日本の態勢はこの面では劣勢に立っています。中東での戦乱を収める時に「ブーツ・オン・ザ・グラウンド！」と迫られたことも、中東での石油開発にアメリカから待ったをかけられたこともあります。あるいは、過激派組織「イスラーム国」の宣戦布告に対して、自国の

ジャーナリストを救うことはできませんでした。

　ただ、アメリカのリードの下ではありますが、アジア開発銀行（ADB、本部：マニラ）や国際エネルギー機関（IEA、本部：パリ）における日本人スタッフの日々の努力はいずれその成果に結びつきましょう。青年海外協力隊の存在も見逃せません。日本の機関としては国際協力銀行（JBIC）が日本企業の国際展開を地道に支援しています。しっくりしない韓国との関係も相互理解を確かめていくことでしょう。

「歴史認識」という言葉が独り歩きしています。国民一人一人がしっかりと対応することが肝要です。日本と韓国はほぼ同じ経済運営をしています。石油・ガス・石炭などのエネルギー資源を大量に輸入し、それをベースに工業製品を作り出し、輸出して、生業としています。かつて、故朴正煕（パクチョンヒ）大統領の時に、その大統領府（青瓦台（だい））の一室で、日本の協力下での韓国の工業展開のロード・マップを相談した時があります。政府の幹部をはじめ技術陣には日本への信頼感がありました。

　中東の諸国での石油化学プロジェクトの展開に携わった時もあります。アラビア石油やアブダビ石油などです。イランやシンガポールにも関わりました。サハリンでの石油・天然ガスの開発は、アメリカの企業とともに、ロシアの協力体制でのエネルギープロジェクトです。エネルギー・セキュリティーに資するものでもあります。アジア・ハイウェイの建設には関連する港湾の建設も含めて日本の力を発揮しています。メコン川を渡る大橋は日本の技術者の身を挺（てい）した働きが礎となっています。

　中東の中心国トルコではボスポラス海峡トンネル交通システムに日本の企業の参加がありました。旧（ふる）くはラオスの水力発電に日本の技術と資本が貢献しました。

18 自然エネルギー：電力系統との連係

　自然エネルギーの活用は私たちの避けて通れない大きな努力目標です。また明るく、楽しい未来への一道程です。いずれは小ロットの電力や熱の利用を十分に活かせる生活環境も整うことでしょう。

　今進められている太陽光発電や風力発電は電力事業としてのものが中心で、その市場への投入は、基幹となる送配電システムとの協調が前提となります。日本の経済構造から安定・高品質の電力が求められているからです。周波数、電圧の安定に加えて、電力のアンペアのぶれも小さく抑えられています。

　電力事業発足時点でのエジソンとテスラの攻防注35 はつとに知られていますが、日本は、大阪に起業した会社がまずテスラ系のメーカー（のちの GE：ゼネラル・エレクトリック）の発電機（60Hz：ヘルツ）を輸入して、配電を始めました。東京に起業した会社は乗り遅れましたが、この時にドイツのメーカー（AEG：アルゲマイネ・エレクトリツィテート・ゲゼルシャフト）がアメリカを凌ぐ発電機を開発しましたので、それを採用します。この発電機が50Hzでした。

　当時はまだ日本全体に電力を安定・供給するという政策は見られず、それぞれの事業展開が主導することになります。ちなみに、ヨーロッパ諸国による世界制覇によって、世界では 50Hz が定番となっていきます。

　日本の今の体制は第二次世界大戦後の電力再編によって生まれたものです。マッカーサーを最高司令官とする GHQ（連合国軍最高司令官総司令部）のポツダム政令により、1951 年に発足した電力9 社（沖縄返還で 10 社）による、発送配電一貫ブロック（一区域一会社）制です。その後、この体制の枠外に、電源開発（J-POWER）、日本原子力発電が加わり、電力の基本システムが完成するのです。

　余談ですが、今の日本はポツダム宣言の受諾をもとに築かれてきました。日米安全保障条約もその流れです。ロシアとはいまだ国交は成立しておりません。北方領土問題が枷となっています。北朝鮮とも国交はありません。台湾とは経済国交となっています。

Natural energy and power grid

Electricity Sales

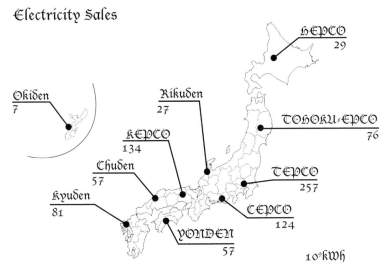

Okiden
7

Rikuden
27

KEPCO
134

Chuden
57

Kyuden
81

HEPCO
29

TOHOKU-EPCO
76

TEPCO
257

CEPCO
124

YONDEN
57

10⁹kWh

Natural energy

New energy Supply

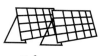

Solar power

Geothermal power
generation

Waste power generation

New energy installed capacity

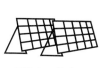

Photovoltaics

Wind power

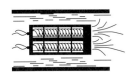

Small hydroelectric
generation

安定・高品質の電力供給に不可欠なものは？

　日本の工業製品の評価は世界的に高いものがあります。日本の文化・サービスも国際的に認められています。「メイドインジャパン」「OMOTENASHI」などです。2020年の東京オリンピックもこれらの要素が後押しして、開催となりました。安心感のある国、世界の人々が行ってみたい国との評価があるからでもありましょう。ちなみに、1964年の東京オリンピックは、アメリカの支援を受けた、日本再建がポイントでありました。その時、私は、英語ガイドとして活動した思い出があります。

「下町ロケット」が話題になりました。日本の産業はその裾野がしっかりしていることによって、成り立っています。自然とともに生きてきた古来の精神がその底流にあります。工夫の心です。「カンバン方式」「日本的経営」などが世界を風靡したこともあります。

　こうした産業の展開は高品質の電力が安定して供給されたことに基礎があります。電力の基本は同時生産・同時消費と同期にあります。周波数を瞬時にコントロールして、電圧・電流を確保することが求められます。それには供給側の努力と需要側の工夫が必要です。これらは普段はそれぞれの調整の中で達成されます。系統運営が働きます。ただし、東日本大震災のような大きな乱れの時は、計画停電となり、強制的に電力の供給を止めることもあります。

　電力自由化によって、マーケット・フリーの状態になりますと、そのコントロールをいかに効率良く、かつ的確にしていくかがポイントとなります。発送電分離として、発電（電力供給ルート）を多様なものとして、多彩な商品を適当な価格でマーケットに出すと同時に、需要側の要求を的確に供給側に伝えることによって、流動性ある資源配分を達成することが、自由市場の存在理由（レゾンデートル）です。

　これに失敗すると巻き返しとなるでしょう。ストック・マーケッ

トがコンピューターによるシステム・トレードによって不具合と
なったこともあります。フューチャーズ（先物取引）で市場が乱れ
ることもあります。ただ、フリー・マーケットの回復力への信頼は
揺らいでいません。電力の安定・高品質の維持・向上もこの点にか
かっている面があります。ビッグ・データの把握と分析が問われる
ところでもありましょう。

　しかし、これができるのは、先進国といわれる国々においてです。
民力が熟していないとこうしたシステムは稼働しません。例えば、
インドです。一部の産業では日本に並び、あるいは追い越していま
すが、発電の熱効率はかなり低いままですし、送電ロスは測定しよ
うのないものと思われます。発電・送電の技術的問題もありますが、
需要の不安定さもそれを高めています。電力利用の不手際や時には
料金体系外での電力の使用があります。

　これから、産業を交流しようとする国々では、工業団地の建設が
盛んです。その地区をほかの地区（市街地など）から切り離して、
独立の電力市場を形成し、需給が確認できるシステムを確立します。
やや意図は異なりますが、日本などでもこの考えで、工場の集約が
なされています。クラスターの一環です。

　物流管理（ロジスティクス）も大きな要素です。交通システムは
産業の血流確保の基本になります。例えば、資源に乏しい日本の経
済は、その立地を活かし、海運の便を徹底的に活用する戦略によっ
ています。

　安定・高品質の電力の貴重さは、東日本大震災の時の病院での電
力確保の努力に表象されます。それは命に関わるものです。しかし、
世界には電気の恩恵にあずかっていない人々もいます。この人類に
よる火の発見の流れの技術があまねく世界を満たすことを、私たち
から発することができることをともに喜びたいと思います。

日本で初めて電力が使われたのはいつ？

（コラム）

　明治維新の東京遷都によって京都は衰退します。そこで京都府知事・北垣國道は京都の産業都市への脱皮を図ります。大阪への水運の確立と東山の水流の活用です。それに応じたのが、当時21歳だった田辺朔郎です。工部大学校の学生でした。1883年のことです。1890年、琵琶湖疎水が完成します。琵琶湖の大津閘門から西に向かい、途中インクラインを経て、平安神宮辺りに至る水路です。次いで南禅寺わきに2千馬力の蹴上発電所が完成します。疎水の分線は東山のふもとに達するものとし、そこに水車動力の工場群を建てるのが、知事の狙いであったといいます。しかし、水力発電所を建設し、京都の街中に電力を供給することになったため、その計画は止められます。その代わり、日本初の路面電車が走り、街に工業が起こります。当時の状況は琵琶湖疎水記念館で見ることができます。記念館には、インクラインやトンネルなども保存されています。ちなみに、世界初の水力発電営業は1882年にアメリカで始まりました。計測機器、医療機器、航空機器、産業機器などを製作する、精密機械の島津製作所は1917年の設立です。社員からノーベル賞受賞者を輩出した100年企業です。

　日本初の公式の場での電灯の点灯は1878年です。中央電信局の開業の時、工部卿 伊藤博文の指示によるとされます。1885年には白熱灯が飾られます。東京銀行集会所の開式式です。東京電力の移動発電機でした。1886年には東京電燈会社が、営業を展開しています。火力発電でした。1897には浅草火力発電所が完成します。発電機は石川島造船所製（国産第1号、100Hz、200kW）を採用しました。遡りますが、1890年には、上野で開催された第3回内国勧業博覧会において、東京電燈会社のデモンストレーションとして電車が走りました。そして、1892年に蹴上発電所が事業認可を受けました。エジソン式直流発電機でした。1905年には、千住火

力発電所が完成し、市街鉄道を走らせます。1万馬力の火力発電所として計画されましたが、炭価の急騰などにより、のちに5千馬力に縮小されました。1908年には山中湖桂川に駒橋発電所が完成します。出力1万5千kWで、5万5千Vの東京への高圧送電に成功します。ちなみに、資金の一部はポンド建て外債によりました。

　テスラと聞くとモーター・ショーでのスポーツカーのデビューを思い出すかもしれません。そのテスラの発想は、交流発電・遠地送電を基礎とする電力システムにも使われています。先の自動車メーカーはこの名を冠したのです。「ペイパル」、「スペースX」のイーロン・マスクもテスラ・モーターズの設立者の1人です。

　ニコラ・テスラは1856年、クロアチアに生まれました。セルビア人で、父親はセルビア正教会の司祭でした。テスラはギムナジウム（ヨーロッパの中等教育機関）では神童といわれ、1875年、オーストリアのグラーツ工科大学に進みます。テスラはここで交流モーター利用の発想を得ました。しかし、奨学金制度の廃止から、退学します。その時、縁あって、ブダペストの電話局に職を得ました。この電話局はエジソンの技術提供を受けたものです。そこで、多相交流モーターを発明します。そして、1882年にパリのコンチネンタル・エジソン社に入社します。その2年後には、ニューヨークのエジソン電灯会社のエジソンを訪ね、採用されました。しかし、テスラとエジソンは電力システムの考え方が合わず、1885年にテスラはエジソン電灯会社を去ります。そして、1887年、テスラ研究所を設立しました。

19 石炭：電力に使う一般炭と製鉄などに使う原料炭

石炭の歴史は古いです。あの産業革命を推し進めてきたのは、石炭による水蒸気の活用で、その象徴が蒸気機関です。

もう一方の活躍の場は製鉄です。「鉄は国家なり」といわしめたものです。

一般炭は電力の一次エネルギーです。電力に変換する時に大量の熱を放出しますので、熱効率は 35 ～ 60％といったところです。

原料炭は鉄、セメントを作るためのコークスとなります。二次エネルギーへ転換する時、このコークスという形をとります。コークスは原料でもあり、熱源ともなります。気泡性[注36]から溶鉄の流動床[注37]としての役割を担います。そのため、炭素含有率が高く、粘性の良いものが選ばれます。

石炭は樹木を根源としますが、泥土層での無酸素炭化[注38]の中で、本来の成分に含まれていた無機成分のほかに、熟成過程で混入したカオリナイト、イライト、石英、カルサイト、ドロマイト、黄鉄鉱などの無機成分を含むようになります。石炭の燃焼、ガス化の時には、これらの高温挙動[注39]が堆積条件、地質環境により異なるので、細かい工夫が必要です。それぞれの場で各種の石炭の配合などに技術陣が活躍します。

まだ、完全にコンピューター化していない時、ある製鉄所の出銑に立ち会ったことがあります。作業者が突棒で高炉の底に封印した粘土壁（出銑口）を開けると、灼熱の鉄が踊り出て湯道を走るのは圧巻でした。今でも転炉の傍では胸が躍ります。

コークスの乾溜過程[注40]では一酸化炭素や水素といったガスが発生するので、自家用発電の燃料ともなります。かつてのある一貫製鉄のエネルギー・フローを見ると、その熱効率はおよそ 50％前後ではないかと見ています。現在はかなり向上しているでしょう。

なお、石灰石（主成分:炭酸カルシウム、カルシウム・カーボネイト）は高炉の原料として装填（そうてん）され、ベビーパウダーなどの原料ともなります。カルスト台地や鍾乳洞を形作るものでもあります。

カルシウムは金属元素です。カルシウムと同様に骨に蓄積するストロンチウムは、白血病の原因になるため恐れられています。

Coal

steam coal

coking coal

石炭が環境に与える影響は？

　地球環境問題でターゲットになったのが化石燃料。その筆頭が石炭です。石炭はかの産業革命以来、産業を動かす基本のエネルギーとなってきました。石炭のあとは石油がその位置を占めました。そして天然ガスが主役となる時に差し掛かっています。それらの燃料はその組成の過程から、燃焼によって二酸化炭素と硫黄系や窒素系の粒子を大気中に放散します。二酸化炭素は光合成に欠かせないものですが、植物に利用されるものを除くと、有用活用の道は開けていません。二酸化炭素は大気の温室効果を高めます。排出される粒子群は身近な空気を汚染します。いずれも、人間の生活環境を脅かし、自然環境に大きな変化を及ぼします。

　石炭は火力発電でなお大きな位置を占めています。日本では、石油価格高騰と原子力発電の操業停止から、石炭火力発電所の再開が相次ぎました。アメリカやドイツでも石炭火力は健在です。中国、インドでは火力発電の主力は依然石炭です。

　石炭は石油や天然ガスに比べて熱量が低いため、ほかの化石燃料よりも大量の投入となります。また、ダーティーな廃棄物も出ます。日本はこの面でも多くの改良をして、クリーン・コールと称しています。一部の運動家たちからは、石炭火力そのものを断絶しなければ、クリーン・パワーの時代は来ないとの指摘もありますが、技術改良の余地はあるでしょう。

　発熱量当たりの二酸化炭素排出量は石炭の銘柄によって異なります。例えば、オーストラリアの BA 炭は 28.2g-CO_2／10^4kJ、GC 炭は 18.6g-CO_2／10^4kJ、アメリカの SC 炭は 31.8g-CO_2／10^4kJ、P 炭は 19.8g-CO_2／10^4kJ、カナダの CV 炭は 26.5g-CO_2／10^4kJ、ロシアの NSS 炭は 32.3g-CO_2／10^4kJ、KG-6 炭は 20.7g-CO_2／10^4kJ、南アフリカの R 炭は 35.7g-CO_2／10^4kJ、G 炭は 23.2g-CO_2／10^4kJ、コロンビアの EIC 炭は 22.3g-CO_2／10^4kJ、インド

ネシアの BA 炭は 27.7g-CO_2／10^4kJ、K 炭は 19.8g-CO_2／10^4kJ などです。中国炭については定かではありません。発熱量（21,349 〜 30,307kJ／kg）、揮発分（18.1 〜 43.0%）、炭素百分率（39.5 〜 68.9%）とその性状も様々です。

　日本の石炭火力発電の熱効率は欧米を凌駕しています。クリーンでもあります。中国やインドの石炭火力発電のそれらはまだかなり劣ります。環境対策として、また経済効率性からして、日本の技術の活用の場面があります。石炭の投入前処理、ボイラー・プロセスの管理、効率の良い蒸気タービンの設計・製作、排煙処理、発電機の設計・製作とパワー・プラント全体についての高度な技術が確立されてきました。

　ちなみに、「安全性に不安がある化学物質」についての世論調査では、「農薬・殺虫剤・防虫剤」、「飲み水・食品」、「工場などの排ガスや排水」、「家の内装や建築材料」、「医薬品」、「自動車などの排ガス」、「日用品」の順となっています。発癌性の高い順では「たばこ」、「放射線」、「大気汚染・公害」、「食品添加物」、「農薬」、「紫外線」、「ウイルス」、「遺伝子組み換え食品」、「おこげ」、「医薬品」、「お酒」の順となります。化学物質のリスクランキングでは「喫煙」、「受動喫煙」、「ディーゼル粒子」、「ラドン」、「ホルムアルデヒド」、「ダイオキシン類」、「カドミウム」、「ヒ素」、「トルエン」、「クロルピリホス」、「ベンゼン」、「メチル水銀」、「キシレン」、「DDT類」、「クロルデン」等との指摘があります（中西準子『環境リスク学』を参照）。有害化学物質は、また、法令で指定され、管理されています。

石炭はどうやって作られる？

　石炭は固定炭素（非揮発性有機物質）、揮発性有機物質、揮発性鉱質分、灰、固有水分、付着水分といったものの集合体です。有機物質には硫黄化合物、窒素化合物を含みます。石炭として有効活用できる部分はカーボン留分とガス留分（C4以下の有機化合物）、タール留分です。炭素、水素、酸素の留分は石炭化度（根源物質の炭化度）によって異なります。窒素、硫黄は石炭化度によって左右されるものではありません。炭素含有量は石炭化度につれて高まります。水素含有量と酸素含有量は石炭化度につれて低まります。

　地球の年齢は約46億年とされます。石炭の根源物質となる森林の出現は約4億年前、藻類の発生から約22億年あとのことです（ちなみに、藻類は燭炭（しょくたん）という石炭の一種を生成します）。大陸の形成は約3500万年前で、人類の誕生は約700万年前です。古生代石炭紀の石炭があるのは主にヨーロッパです。アメリカでは石炭紀、中生代白亜紀と新生代第三紀など幅広く賦存しています。主に東部に古い層、西部には新しい層があります。オーストラリアには古生代二畳紀、中生代三畳紀、ジュラ紀、新生代第三紀、インドネシアには新生代第三紀が賦存しています。インドには中生代ジュラ紀、新生代第三紀の賦存です。日本も新生代第三紀ですが、中生代三畳紀もあるようです。中国には古生代石炭紀、二畳紀、中生代三畳紀、ジュラ紀、新生代第三紀と賦存しています。南アフリカは中生代白亜紀です。ヨーロッパでは、ドイツが古生代石炭紀、二畳紀、新生代第三紀となっています。イギリスは古生代石炭紀、中生代ジュラ紀、白亜紀です。なお、瀝青炭（れきせいたん）（一般炭）は、およそ、固定炭素が69〜78％、揮発分が22〜31％のものとなります。原料炭は粘結性で評価されます。

第4章

消費：私たちはエネルギーをどう使っているか

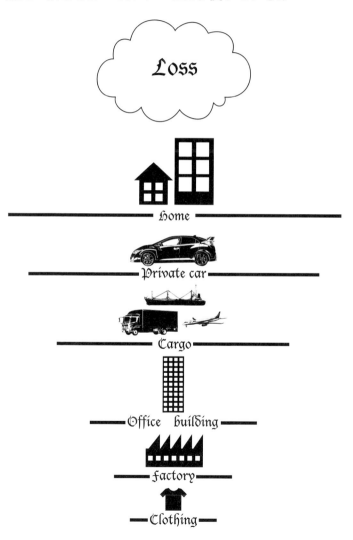

20 家庭では

エネルギー変換によって生まれた二次エネルギーは燃料や原料として産業に送られ、様々な製品となって私たちの生活に供されます。また、二次エネルギーの中には、直接私たちの生活環境を支えるものもあります。

時は遡りますが、黒船（外輪蒸気船）が太平洋を横断して、日本の開国（鯨油船などの安全保障）を迫ったのは、1853年です。その後アメリカでは南北戦争（1861-65年）が始まりました。その頃、日本で明治政府が樹立（1868年）します。翌年はスエズ運河の開通です。当時の日本の人口は3,300万人ほどであったといいます。

産業の拡大に邁進した日本は、先進の欧米諸国との確執の中、対英米宣戦布告（1941年）をします。この時、人口は7,200万人ほどです。この戦いは日本のポツダム宣言受諾（1945年）で終わります。日本は300万人余の老若男女を失いました。そして、日本国憲法公布（1946年11月3日）となります。

私が社会に出たのは、日本がようやく復興した頃（1963年）で、人口は9,600万人ほどでした。1億人に達したのは1967年です。

家庭部門のエネルギー消費量は、今、1965年の5倍となっています。冷房用が15倍、暖房用が4倍、給湯用が3倍、厨房用が2倍、動力他（家電など）が5倍です。エネルギー源別では、灯油が5倍、LPGが5倍、都市ガスが6倍、電力が10倍等となっています。

家庭の冷暖房にはヒートポンプが活躍しています。COP（圧縮機入力に対する熱出力）は4～6となっています。

話は変わりますが、世界の人口は70億人強。世界のエネルギー消費量は134億TOE（石油換算トン）です。日本は4.5億TOE（人口、1億2千万人）、筆頭は中国の29億TOE（13億人）、次いで、アメリカが21億TOE（3億人）、インドが7.9億TOE（12億人）、ロシアが7.5億TOE（1億4千万人）、ドイツが3.1億TOE（8.2千万人）、フランスが2.5億TOE（6.7千万人）、イギリスが1.9億TOE（6.4千万人）。アフリカは全体で7.3億TOE（11億人）、中南米は全体で8.3億TOE（6億人）です。

home

家庭でも大活躍の ヒートポンプって何？

　ヒートポンプには長い歴史があります。カルノー・サイクルを基礎とし、物理・化学の基本原則を応用するものです。圧縮、膨張、凝縮、蒸発といったことを利用するのです。投入のエネルギー（電気やガスなどの量）に対して、熱媒体（冷媒）の利用によって、熱の移動を調整して、数倍の熱を取り出すことができます。そのエネルギー効率はCOP（圧縮機入力に対する熱出力）で表示されます。COPは4〜6程度となっています。

　ヒートポンプは家電（エアコン、冷蔵庫など）やビル、工場、農園などの設備（空調、冷凍など）の熱技術を大きく変貌させてきました。しかし、フッ素、塩素などから生成されるフロン（クロロフルオロカーボン、CFC）は、地球環境問題の焦点の一つです。代替フロンが開発されましたが、これらの地球温暖化作用は高く、二酸化炭素よりも影響がはるかに大きいとの指摘もあります。そこで、さらに新しい冷媒の開発が進んでいます。それが、イソブタン、ペンタンやアンモニアなどの炭化水素、あるいは二酸化炭素です。しかし、フロンや代替フロンの使用はなお続いており、その回収は地球的課題となっています。

　このうち、二酸化炭素冷媒は家庭用ヒートポンプ給湯機（エコキュート）などに採用されています。ただ、強力なコンプレッサーが必要となるため、高度の製造技術を要します。この点は日本の工業技術の持ち味の発揮される分野です。例えば、小さなコンプレッサーで強い圧を生み出すため、μm（マイクロメートル）単位の極狭のノズルから冷媒を送り出す技術や、100μm単位の極薄のアルミ・ブレードによるファンの回転などは日本の技術の真骨頂ではないでしょうか。ちなみに、μmは1000分の1mmです。

　ヒートポンプの基本原理はカルノーによって解明されました。その応用はフロンの発見によって現実のものとなります。1928年に

ゼネラルモーターズ社の依頼を受けて、トーマス・ミッジリーが発明したフロンは、不燃性、相変化の容易性、断熱性、電気絶縁性、低表面張力、油脂類良溶性、高洗浄能力、密度が水を上回るといった優れもので、冷媒、溶媒、噴射剤などに浸透しました。安価に生産できるため大量に使われました。しかしフロンは、成層圏で、紫外線によって分解し、塩素原子（Cl）を放出します。これがオゾン層を破壊するのです。

　オゾン層は 15 ～ 50km の成層圏にあり、波長 190 ～ 290nm（ナノメートル）の有害な紫外線を吸収し、生物の進化を守ってきました。DNA の破損を防ぐのです。DNA は 250 ～ 260nm の紫外線を強く吸収します。

　南極でのオゾンホールの発見を受けて、ウィーン条約の採択となります。次いで、1987 年のモントリオール議定書の採択、1989年のフロンの生産停止協約、1990 年、1992 年、1995 年、1997年、1999 年、2007 年のモントリオール議定書改正・調整と続きます。ただ、オゾン層破壊を止めるのはなお道半ばです。一端オゾン層に入ったフロンの破壊力は急には減少しないからです。その間、オゾン層破壊の影響は地球環境に様々な影響をもたらします。

　フロン問題は科学と地球環境との関係、市民、科学者の倫理を問うもので、それは DDT に匹敵する課題を私たちに考えさせるものです。自然の豊かさと生活の豊かさはトレードオフの関係にある面が多いといっても良いでしょう。その関係性の改善には科学の原理をしっかりと踏まえたヒートポンプなどの応用が欠かせません。

21 産業では

　産業部門のエネルギー消費では化学工業と鉄鋼が筆頭です。この熱食い虫の双璧で、産業部門の消費の6割を占めます。ただ、化学工業には石油化学製品の原料（ナフサ）が含まれていますし、鉄鋼の主な消費は高炉のコークスです。これらを調整しますと、産業部門の一般消費（仮にそう呼びます）はエネルギーバランス・フローの産業部門計の2割といった水準と見られます。それでも、先の双璧であることは変わりません。

　鉄鋼はその他の産業に、基本となる資材を提供します。ナフサも、プラスチックや合成繊維製品などに携わる産業向け原料の基礎資材となります。

　産業部門の最終エネルギー消費は全体のほぼ50％を占めています。次いで、運輸部門が25％、家庭部門が15％、業務部門が12％となっています。

　最終エネルギー消費のシェアの推移では、2013年は1965年に比べて、産業部門は17％減、運輸部門は7％増、家庭部門は6％増、業務部門は5％増です。産業部門の消費のうち、化学工業が30％（ナフサ分を調整して9％）、鉄鋼が30％（コークス分を調整して12％）。次いで、金属機械、窯業・土石が6％、食品、紙パルプが4％、農林業、非鉄金属が2％、建設業が1.5％、繊維、水産業が1％、鉱業・その他が残る15％となっています。

　1965年では、化学工業が24％、鉄鋼が28％、次いで、金属機械が3.5％、窯業・土石が11.5％、食品、たばこが4.3％、紙パルプが7.6％、繊維が4％、その他が6％でした。

　この動きから、日本経済の展開の過程が垣間見えます。重厚長大といわれた重工業をベースとした国力の増強です。そして、そのベースの上に町工場を土台とした機械や電子機器などが花開きます。非製造業については一概にエネルギー消費ではその活躍を明らかにできませんが、1965年に比べて1.5倍の消費量になっています。

　私も、こうして実力をつけた企業の、海外での色々な大型プラントの建設に立ち会いました。

The main factory location

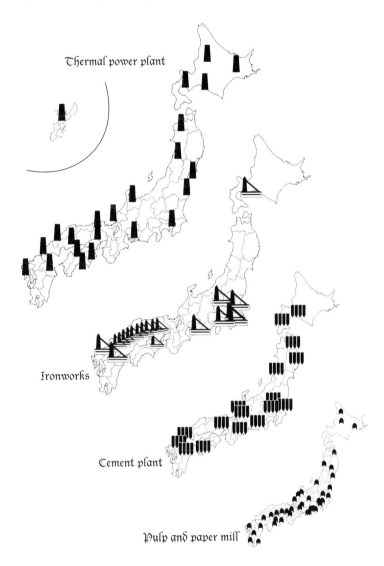

Thermal power plant

Ironworks

Cement plant

Pulp and paper mill

22 運輸では

　運輸部門は最終エネルギー消費の25％を占めます。そのうち、旅客用が65％、貨物用が35％になっています。

　エネルギー源別では、石油製品が97％です。そのうち、ガソリンが55％、軽油が32％、ジェット燃料が5.5％、重油が3.4％です。ほかに、LPGが1.2％などです。

　ガソリンは自家用自動車、営業用自動車の主力燃料です。ガソリン車はオットー・サイクルの原理によるガソリン・エンジンを搭載しています。今のところ、その熱効率は25〜30％のようです。エンジンでガソリンを燃やし、その熱エネルギーを運動エネルギーに変換する時の熱のほかに、走行による摩擦などによるエネルギーの損失もあります。自動車の燃費は改善されていますが、その重量はエンジンの強化や電子デバイスの搭載などで増えているようです。

　軽油は貨物自動車の主力燃料です。貨物自動車はディーゼル・サイクル[注41]の原理によるディーゼル・エンジンを搭載しています。ガソリン車に比べて熱効率は良いですが、エンジンの軽量化は困難で、重量物の大量輸送に適しています。その馬力を買って、ヨーロッパでは乗用自動車にも搭載されています。ただ、排ガスの調整に難があるようです。

　ジェット燃料は、その名の通り、ジェット機の主力燃料です。灯油成分を高度に精製して、厳しい環境の下で燃料として製品化されます。かつて、第二次世界大戦後の日本初旅客機として開発された「YS-11」の海外への輸出に関わったことがあります。その後の展開はいまひとつでしたので、MRJのテスト・フライトは感激でした。子どもの頃は「B-29」の迫力に驚嘆したものです。

　重油は船舶の燃料などに使用されます。揮成分[注42]のガソリンなどを採ったあとの重油には、石油からの様々な成分が残っており、発熱量は大きいです。それに、「連産品」として商品特性もあり、その価格は抑えられてきました。

　LPGは家庭用燃料、業務用燃料、タクシーの燃料などに幅広く使われています。国内の石油精製からでは量的に十分ではないので、相当量を輸入しています。

Transport

ガソリン・電気・水素、一番エコな車は？

　資源枯渇、環境破壊などの観点から、100年余にわたって産業と家庭を支えてきた、ガソリン車、ディーゼル車から、電気自動車、燃料電池車などへの転換の道が模索されています。技術的には様々な方向性がありましょう。「エコ」をどこに捉えるかによって、どの視点から判断するかによって、どの道を選択するかの焦点が定まるでしょう。その基本は私たちの将来の生活をどう描き切るかにかかっています。自然環境の力を、地球の恵みを、どう私たちの生活にいただくかということです。経済学的には資源の有効利用の戦略、科学的には熱源の徹底活用の戦術となります。それは私たちが未来をどう夢見るかにかかっています。

「エコカー」としては、電気自動車、燃料電池車が焦点となっています。実用的には、ハイブリッド・カー、天然ガス車、LPG車、改良ディーゼル車、水素自動車もその範疇に入るものです。日本ではハイブリッド・カーから燃料電池車へ、アメリカでは、ガソリン車、ディーゼル車、電気自動車の併用へ、ヨーロッパでは改良ディーゼル車をベースに試行錯誤の段階のように思われます。どれが「エコカー」として制覇するかは社会基盤の整備との兼ね合いとなりましょう。

　ハイブリッド・カー、天然ガス車、電気自動車はほぼこれまでの技術開発と社会インフラの上になるものですから、課題は燃料電池車（水素を抱いた電気自動車）、水素自動車（水素燃料で駆動する水素エンジン車）の開発と社会インフラの整備にあります。

　燃料電池車は究極のクリーン・エネルギー車とされていますが、水素ステーションの整備が難関です。水素ステーションは、燃料電池車と同じく、その水素をいかにクリーンに生産するかが課題です。化石燃料からでは意味がありません。自然マッチングは必須です。なお、電気自動車はリチウムイオン電池が主力となっていますが、

このリチウムのライフサイクルから見ても、クリーンで安定した車なのかは検証の余地があります。水素といえば、福島第一原子力発電所の建屋破壊の水素爆発が思い出されます。水素ガスはロケットの燃料です。燃料電池車、水素自動車にその恐れはないようですが、社会インフラを含めた安全面での対策に怠りがあってはなりません。

　ちなみに、水素は宇宙の基本元素です。宇宙誕生直後に生成した元素で、その量も 70% と宇宙の中で突出しています。

　水は水素の酸化物です。水素はメタン、エタン、塩化水素やアンモニアといった有機物の素でもあります。水素は地球に単体ではほとんど存在しません。化石燃料から水蒸気改質法[注43] で作られています。エネファームも同様です。光触媒による水分解も研究されています。

「エコカー」は、燃費や生産コスト、使用コストの面だけを見て判断するわけにはいきません。車の利便性を知った人類にとって、車社会から脱することはできないでしょう。それをいかに効率良く使用するかが問われています。カー・シェアリング、アイドリング・カットなど個々の対応も大事ですが、交通システムをオーバー・オールに押さえていかなければなりません。自動走行車の試みもあります。小型低速車はどうかという声もあります。国づくり、街づくりの中で車社会をどうするかということです。貨物輸送でのモーダルシフト（輸送手段の転換）に加えて、旅客宙での、とりわけ個人使用でのモーダルシフトとの連係が求められます。

　当面、いわゆる先進工業国の利便性をベースに「エコカー」は進められていきます。技術の進歩によって、「エコカー」によって、車の二酸化炭素の排出は大きく減少します。ただ、その基本は自然エネルギーの確立になければなりません。社会全体のエネルギー効率の向上とクリーン化が求められるところです。

バイオ燃料で航空機は 飛ばせるの？

コラム

　これからの人類にとって、航空機のない世界は考えられないでしょう。自動車では脱ガソリン、脱ディーゼルの方策が模索されています。脱石油となれば、そのプロセスの派生戦略として、航空機燃料の確保の道が再検討されることになります。ジェット・エンジンの利用が主流である航空機の燃料は、石油の精製過程から生産されるものです。この技術は確立されています。高度１万ｍの環境の中での航空エンジンの作動環境・能力の確保を石油由来のジェット燃料からどう転換するかという課題です。日本でも様々な工夫が試みられています。ただ、なかなか明るい光は射してきていません。例えば、藻類からのジェット燃料の精製は、実験室レベルでは可能なようですが、大量生産の道は開けていません。

　バイオマスとは動植物に由来する有機物である資源（化石燃料を除く）と理解されています。未利用系（木質、農業残渣など）、廃棄物系（木質、製紙、家畜排泄物、生活排水、食品廃棄物など）、生産系資源（木質、草本など）があります。それぞれに様々な工夫がなされています。エタノールなどのガソリン添加は可能となりましたが、航空機の燃料とするには品質面、また経済面でかなりの壁を超えなければなりません。

　例えばジェット燃料のエネルギー密度は 10kWh ／ ℓ（キロワット時／リットル）ですが、エタノールのそれは２分の１程度です。厳しい条件を踏まえた運航の安全保持のため、粘度、密度、引火点、氷点、発熱量、硫黄分、芳香族成分などに厳しい規格があります。それに、基本的には国際運航となりますので、給油地点間での品質に差異が生じてはなりません。

　国際航空運送協会（IATA）では地球環境問題への対応戦略を定めて、二酸化炭素削減運航に向けて進んでいます。日本でも、次世代航空機燃料イニシアティブ（INAF）を発足させて、産官学の知

恵を結集して、代替航空燃料のサプライチェーンの近い将来での確立を視野に進んでいます。ただ、バイオ燃料による試験的飛行はなされていますが、制限した運航プランの中では数％にとどまっています。国際的な実用への先行きは見えていません。

23 ヒトを運ぶ

　内燃機関（インターナル・コンバスチョン・エンジン）の発明は、人々を取り巻く生活空間を大きく広げることを可能にしました。自動車、鉄道、船舶、航空機の利用は、私たちの行動範囲を広げ、この地球を自在に駆け巡ることを可能とし、今、宇宙にもその可能性を試そうとしています。石油がそれを支えています。

　旅客部門の 2014 年のエネルギー消費量は $49,245 \times 10^{10}$ kcal になります。これは 1 人当たり 30 万頭の馬を従えた勘定となります。旅客部門のうち、自家用自動車で 83%、営業用自動車で 2%、バスで 3%、旅客鉄道で 4%、旅客航空で 8% の消費となっています。1 hp（馬力、ホース・パワー）は目安で約 0.18kcal。馬力は「SI」の採用によって廃止されました。「SI」は「国際単位系」のフランス語の頭文字です。

　1965 年に比べると技術の進歩もありますので、2014 年の輸送量（カッコ内は人の動いた延べの総距離）は旅客部門全体で 3.6 倍（3.5倍）、自家用自動車は 14 倍（14 倍）、営業用自動車は 0.8 倍（0.8 倍）、バスは 1 倍（1 倍）、旅客鉄道は 1.6 倍（1.6 倍）、旅客航空は 29 倍（29倍）ほどになっています。

　自動車の運転性能の向上や高速道路、ETC といったインフラの整備などに加えて、航空ルートの柔軟な対応や入出国、通関手続きの改善などといった、ソフト面の効率化もありますので、輸送量以上に、人々の活動範囲とその容易さは大きく飛躍しています。

　なお、2014 年のエネルギー消費原単位（1 人を 1 km 運ぶ熱量）は 1965 年と比べますと、自家用自動車では 0.79 倍、営業用自動車では 0.93 倍、バスでは 1.74 倍、旅客鉄道では 0.82 倍、旅客航空では 0.29 倍となっています。

　それぞれの用途において改善が見られますが、空の便の発達が格段の成果を示しています。バスで消費原単位が上がっているのは、大型化など旅行環境の向上によるものでしょう。新幹線の燃費は自動車の 10 分の 1 という試算もあります。

　かつて、ヨーロッパにインド経由の南回りで昼夜をかけて飛んだことを思い出します。

Energy consumption / Passenger

<table>
<thead>
<tr><th></th><th>1965</th><th>2014</th></tr>
</thead>
<tbody>
<tr><td>Private vehicle</td><td>3,550</td><td>40,400</td><td>$(10^{10} kcal)$</td></tr>
<tr><td>Business vehicle</td><td>1,500</td><td>1,100</td></tr>
<tr><td>Bus</td><td>900</td><td>1,600</td></tr>
<tr><td>Railway</td><td>1,500</td><td>1,900</td></tr>
<tr><td>Airplane</td><td>450</td><td>4,100</td></tr>
</tbody>
</table>

宇宙に行くにはどのくらいのエネルギーが必要？

宇宙といえば太陽、そして月は身近な存在です。地球から見る私たちの目には太陽と月は同じ大きさに見えます。それぞれ直径と距離が反比例しているのです。この宇宙の存在が私たちの宇宙への理解を進める元となってきました。日蝕、月蝕の観察は重力波の確認などとともに私たちの存在の理解と将来の在り方を確認することに繋がっています。宇宙の存在に対する好奇心と畏れの中に科学は育ちました。万有引力（ユニバーサル・グラビティ）からビッグバン理論注44 やベビー・ユニバース論注45 へ、また、ひも理論注46 へと。具体的にはハッブル定数注47 や地球重力の算定などにです。宇宙は加速的に膨張していると見なされています。私たちが宇宙の果てを見ることはありません。

人類はいずれ宇宙に漂うことになりましょう。そのための準備をいかに進めるか。その出発点が人工衛星であり、宇宙ステーションや宇宙探査のための宇宙船類打ち上げ・運航などの試みです。そのためには、まずこの地球の重力圏からの脱出が第一歩となります。地球は宇宙では太陽系の小さな惑星ですが、この地球の重力に抗して宇宙に旅立つには膨大なエネルギーを必要とします。

例えば、月面で宇宙飛行士が軽々と歩を進める様子にテレビに釘づけになったこともあります。地球と月ではそれだけ重力の差があるのです。スポーツ選手の跳躍力は高地では平地よりも大きくなります。ただ、空気の酸素量の低減というマイナス面もあります。宇宙への旅立ちには地球からの脱出力に加えて、生活環境の維持のための工夫が必要です。私たちがどれだけのエネルギーを用意する必要があるかは、まだまだこれからの課題です。

人工衛星の打ち上げ、宇宙ロケットの開発、打ち上げには数千億、数百億円といった巨額の資金を投入しています。それは宇宙の姿の確認に必要な貴重なデータをもたらしています。

また、この地球の社会には宇宙からのデータによって解明されることを利用できる成果があります。気象条件の変化などを活用した、自然災害への対応や農業生産の向上などです。卑近には、気象情報の精度アップもあります。

　かつて、米ソの宇宙開発はその国力威武の大戦略でしたが、日本はある意味で純粋に科学的好奇心を合わせて進めているといえましょう。

　人工衛星は、高度約3万6千kmの同期軌道注48（GEO）で、地球の自転と周期を同じくして回りますが、静止して見えます。日本のH-IIロケット注49は、その高度に衛星を打ち上げることができます。多くはまず、超強力な推進力で、数分で、静止トランスファー軌道注50（GTO）にまで昇り、そこから小型エンジンで同期軌道に投入しています。この高度に至るには時速で約1万km（秒速で約3km）が必要です。なお、地球の半径は約6,400kmです。また、高度100kmから上空は空気抵抗がゼロになるため宇宙（または大気圏外）と呼ばれています。ISS（国際宇宙ステーション）は高度360kmにあります。大きさは、約100ｍ×70ｍです。地球観測衛星もこのLEO帯注51（地球低軌道）を回っています。地球脱出速度は時速約4万kmです。ちなみに、ミサイルは時速1万〜2万km、機関砲は時速0.3万km、ジェット機の運航速度は時速700〜800km、ゼロ戦は時速500kmですから、その速さがうかがい知れます。宇宙への搭載能力が約4tの、アメリカのスペース・シャトルはその任を終えました。現在、採算性の面からは5〜10tの搭載能力がベースとなります。日本の科学技術者などを中心に「宇宙エレベーター」の構想もあります。

24 モノを運ぶ

　近年の貨物運輸の発達は驚異的なものでしょう。それはトラックなどの貨物の運行に携わる人たちの努力に負うところがあります。

　私たちにとって当たり前となった「通販」や「コンビニ」も、物流システムの工夫と整備があって成り立っています。

　私の学生の頃は、日本で手に入らない専門書を欧米から取り寄せるのに、数ヶ月かかったこともありました。学術論文の国際検索のシステムもありませんでした。隔世の感です。まだ海外渡航は大蔵大臣の認可が必要でした。日本国の財布に外貨（ドル）の余裕がなかった経済情勢も一因です。クレジット・カードの隆盛は 1980 年代の末あたりからでしょうか。

　2014 年の貨物部門のエネルギー消費は運輸部門の 36％ です。そのうち、貨物自動車が 87％ を占めています。次いで、貨物海運が 10％、貨物航空が 2％ などです。1965 年に比べますと、貨物部門全体では 2.5 倍、貨物自動車は 3.5 倍で、貨物海運は 1.5 倍、貨物航空が 26.3 倍となっています。

　輸送量は貨物部門全体では、1965 年に比べて、2.4 倍です。貨物自動車は 6.2 倍で、貨物海運が 2.3 倍、貨物航空が 53.6 倍となっています。貨物鉄道は 0.4 倍と主役の座を降りました。

　自動車の走行距離で見ますと、1965 年に比べて、貨物部門全体では 4.3 倍です。営業用車は 6.3 倍、自家用車が 2.3 倍、軽自動車が 8.1 倍となっています。鉄道の貨物車の輸送距離は、1965 年に比べて、0.3 倍となりました。

　エネルギー消費原単位では、1965 年に比べて、貨物自動車が 0.6 倍、貨物海運が 0.6 倍、貨物航空が 0.5 倍となっています。貨物鉄道は 0.2 倍です。

　貨物自動車の保有台数は 1,600 万台で、1965 年に比べて 3.3 倍です。そのうち、ガソリン車が 68％ で、軽油（ディーゼル）車は 31％ となっています。LPG 車は 3 万台ほど、ハイブリッド車が 2 万台ほどです。電気自動車は 700 台弱が登録されています。

Energy consumption / freight

	1965	2014	
Automobile	7,014	24,700	(10¹⁰kcal)

| Railroad | 2,124 | 130 |

| Air | 20 | 530 |

| Internal navigation | 1,964 | 2,900 |

なぜ貨物鉄道は衰退した？

コラム

　モーダルシフトが課題となっています。自動車オンリーといわれるまでになっているこの社会に列車を再活用しようという戦略です。それは、貨物運輸の面で政策課題ともなっています。20 世紀の人類の発展を支えた鉄道（旅客列車、貨物列車、産業用専用鉄道など）は石油の時代となって、多くは自動車にその座を譲りました。しかし、自動車による交通環境の閉塞状態が見えることもあり、鉄道の再活用が模索されています。エネルギー効率の課題であり、環境問題、さらには社会の在り方の変容でもあります。

　車社会を敷衍させた一つに「ドア・ツー・ドア」と「いつでも、なんでも、どこへでも」といった利便性があります。モードは交通システムではノッドの間を繋ぐ連結モードのことですが、ほかのモードで凌駕するには社会システムの基本からの見直しを要します。親方日の丸で運営して来た鉄道は、時代の流れを先取りする経営の勇断に後れをとってきましたが、第二次臨時行政調査会に始まる民営化によってもそう変わっていません。

　自動車モードも、急展開で進む中、様々な困難に遭遇しつつあります。「車社会」の突出が広くは地球温暖化問題の解消を早急の課題として浮上させているとともに、貨物の面でも、ドライバー対策などその運営システムを見直す必要に迫られています。日本は欧米に比べて、労務対策に十分な配慮が行き届いていないように見受けられます。トンネル内の惨事もありました。これは貨物輸送に限りません。旅客バスの事故も目にすることが多くなりました。エアバッグの事故もありました。

　自動運転車システムの開発が進んでいますが、最後は人間の判断・決断力に依存するのが交通システムではないでしょうか。それも人の命に直結することの多いシステムです。

　モーダルシフトは貨物の運搬が狙いですが、旅客面でもその必要

があると思います。

　社会全体として効率をいかに安全に達成するか、が変わることのない要点です。技術面は当然ですが、課金システムは、将来システムを転換するためのコスト配分を含めて算定しておかなければなりません。

　場面は違いますが、原子力発電のようにライフスタイル・コストを裏に置いておくことは禍根を残すことになります。「ヒト」を資源とする日本の経済にとって、その存在を国際社会において維持・向上させるには、社会一体としての生産性の確保が前提となります。

　大量生産の時代には日本型経営と生産方式で日本経済は世界に大きな存在となりました。多様な展開となる時代には、それに応じたシステムの構築が求められます。物理的生産性のみで進めることは、必ずしも的確ではありません。

　研究、開発、生産、流通、販売などの統一システムでの対応が進んでいます。産学官連携もその一環です。教育の場でも競合が求められる時代でもあります。

　かつて、マサチューセッツ工科大学（MIT）の教授と学生が歩きながら会話するラウンド・ウェイが話題となったことがあります。教育環境のことです。交通システムにもこうした要素が基本理念となりつつあります。

　余談ですが、例えば、ウィーンに寄りますと、地下鉄もありますが、路面電車が縦横に走っています。ある街に行く時に、地下鉄で潜り、目的地でポッと外に出ますと、街と街との間は空白時間ですが、路面電車で行きますと、街は連続しており、その街の中を移動して、土地勘が生まれます。乗り降りする人々との暗黙の触れ合いも、街にある種の感覚を育みます。

25 オフィスでは

　近年の高層ビルの建設ラッシュにはすさまじいものがあります。それも冷暖房などに惜しみなくエネルギーを注げるからでしょう。かつては、オフィスは8階、住まいは5階が良しとされたものです。「9・11テロ（アメリカ同時多発テロ事件）」のあとにも天空のビルが建てられました。日本も世界と競争して高さに挑んでいます。

　業務部門（企業のオフィスなど）でのエネルギー消費は、冷房用が12％、暖房用が16％、給湯用が14％、厨房用が9％、動力他が51％となっています。

　1965年と比べますと、2013年のエネルギー消費は業務部門全体では5倍です。冷房用が22.5倍で、暖房用が2倍、給湯用が1.8倍、厨房用が5.5倍、動力他が18.8倍となっています。これからもオフィス環境の大きな変化が見て取れます。動力他は主に電気関係です。

　業務部門の業種別ですと、事務所・ビルが22％、デパート・スーパーが2％、卸・小売が20％、飲食店が8％、学校が8％、ホテル・旅館が10％、病院が11％、娯楽場が3％、その他が17％です。

　1965年から2013年の増減を見ますと、事務所・ビルは7.8倍、デパート・スーパーは14.3倍、卸・小売が7.4倍、飲食店が3.9倍、学校は2.8倍、ホテル・旅館が3.4倍、病院が4.9倍、娯楽場が10倍、その他は4.5倍となっています。

　ちなみに、この間の日本経済の膨らみは、実質の経済規模で5倍（名目では14倍）、1人当たりでは4倍です。1人当たりの一次エネルギー供給は3.8TOE（石油換算トン）で1965年に比べて2.5倍となっています。最終エネルギー消費は、この間に約3倍となり、3億2100万TOEです。ちなみに、自動車保有台数は7,654万台で、1965年の11倍になっています。

　2013年のエネルギー消費原単位は、1970年に対して、暖房用が0.3倍、冷房用が2.6倍、給湯用で0.3倍、厨房用で1.3倍、動力他が2.8倍となっています。

　熱の投入量（単位熱負荷係数）が、事務所・ビルを100とすると、冷房ではレストランで300、美容院で800、高層ビルで80、暖房では工場が50、木造建築が150というデータがあります。

Energy applications
in office, store, factory

school   wholesale and retail   office   hotel   hospital   restaurant

オフィスでできる節電方法

　私たちの生活は電気によって成り立っています。生産現場での省エネはそれなりに進んでいますが、家庭、あるいはオフィスでの省エネには、なお工夫の余地があります。とりわけ、電気の利用の効率を高めることが求められています。その基本は節電でしょう。家庭での節電には家庭生計からの努力に加えて、家電の生産面での技術改良が進んでいます。電化の進むオフィスの節電にはさらに工夫の余地があります。

　家庭、オフィスともに、その基本は、消費原単位の把握と賢い利用、それに利用の平準化にあります。電力の自由化と相まって、それには様々なソフトが用意されつつあります。スマートメーターはその一端です。そうしたソフトを活用して、システム的に節電を図ることができます。そして、スマートシティでそれは完結へと近づきます。

　オフィスのエネルギーは電力がメインとなってきています。しかし、日本全体で見ますと、築15～20年以上を経ているビルが大きな割合を占めており、小規模なものには50年前から利用されているビルもあります。そうしたビルでは建築そのものの断熱性などにまだ十分な基礎のない設計となっているものが相当にあります。個々のオフィスの省エネや節電は大事ですが、国全体としては街づくりを基本とした長い目で見た省エネルギーを目指すべきでしょう。

　オフィスの電力の消費の中心は、エアコンをベースとする空調と照明、それに事務機器です。それぞれの機械・機器は、年々、技術進歩によってエコ性向を高めています。それらの機械・機器・設備投資の回転をどうプランニングしていくかは個々の企業などの必須の経営課題ですが、国全体としての資産運営の立場からの政策や研究も必要でしょう。個々のオフィスビルは私的経営の中の問題ですが、社会インフラを前提とした経営となりますから、国づくりの姿

をしっかりと描いて、指針をオープンにすることで、民間の対応も確実になります。

　日本ではリースのオフィスビルが拡大してきています。かつてオフィスといえば自社ビルでした。会社の存在を象徴するイメージの確認や、自社に合ったビル運営をすることが、その選択になっていました。オフィスビルの存在が小さかったこともありましょう。そうした経営から、資本の効率運用、臨機応変の対応といったことを見据えて、資本の回転という観点から、リース・ビルが大きな役割を占めてきました。社会インフラの整備の確かさから、そして、経済の成長段階の変移からビルのリース経営が成り立つ環境が整ってきたこともあります。社会インフラとともに築後相当に経っているビルを、自社ビル、オフィスビルも含めていかにスムーズに回転させていくかについては官民の研究の深まりに期待しましょう。

　それぞれの地域や地区などでの街のリニューアルも活発にされています。それぞれのコンセプトにはそれぞれの設計思想を踏まえた専門集団の知恵が詰まっています。しかし、ややもすれば専門分野の知識に押されがちのように思えます。そこに経営基盤を置く、関係する企業の理念や長期計画などとしっかりと調整したオフィス集積とそれを支える商業施設とのマッチングが肝要でしょう。そこに勤め、集う人々の働きやすさや憩いの場を提供し、構成する企業の生産性を高めるとともに、人々の文化を醸成すべきです。シティ・プランニング、タウン・プランニングにせよ、リゾート・プランニングであれ、市民には、部分最適を全体最適に昇華し、鳥瞰し、将来を確認していくことが求められています。

幕間

　エネルギーバランス・フローを中心として、私たちが生活でエネルギーをどう使っているのかを見てきました。当然のことですが、私たちのエネルギー消費を見るには海外との交流を組み込まなければなりません。生活を豊かにしている商品などの国際貿易や文化交流などを含めてエネルギーの受け渡しを考えましょう。もちろん、省エネと同時に、消費の時に逃がす熱をどうするかがエネルギーを有効に活用する礎となります。

　高名な物理学者である、リチャード・ファインマンは、エネルギーについて、こう語っています。

　〝エネルギーは実に様々な形をとります。（中略）……運動しているためのエネルギーは運動エネルギー、重力の相互作用にもとづくもの（重力のポテンシャル・エネルギーと呼ぶ）、熱エネルギー、電気エネルギー、光のエネルギー、ばねの弾性エネルギー等々。それに化学エネルギー、核エネルギー、また、粒子が存在するというだけの理由で持つエネルギーもありまして、その量は質量に正比例いたします。これを発見したのがアインシュタインであることは、みなさんもご存知でしょう。$E = mc^2$ という有名な方程式は、このエネルギーに対するものです。〟

　〝私どもが熱エネルギーとよびますのは、そのかなりの部分が物体の内部でうごめく原子の運動エネルギーであります。〟

　〝科学が役に立つのは、先を見て推理をはたらかせる道具になるからです。ですから、私どもはつねに首をのばして未知の世界をのぞき込むのです。エネルギーにしても、一番ありそうなことは、それが新しい舞台でも保存されるということでしょう。〟

（R.P. ファインマン『物理法則はいかにして発見されたか』より引用）

　それに、ある時、アシモフは計算しました。

〝（このまま）人類が増え続けたら、紀元 3530 年には、人間の……全重量は、地球の重さと同じになる。〟と。
（アイザック・アシモフ『アシモフのうそみたいなほんとの話』より引用）

　では、幕間です。
　幕の内弁当を掻っ込んで、幕が開くのを待ちましょう。

著者　拝

エネルギー白書から見る、「官」の問題意識

2015年　経済産業大臣：宮澤洋一氏
1. 「シェール革命」と世界のエネルギー事情の変化
（エネルギー安全保障の評価、2010年の分析を再掲し、影響を比較検討）
2. 東日本大震災、東京電力福島第一原子力発電所事故への対応
3. エネルギーコストへの対応

2014年　経済産業大臣：茂木敏充氏
1. エネルギー基本計画の背景にある諸情勢を把握
2. 東日本大震災による日本のエネルギー政策の見直し
3. エネルギー基本計画の閣議決定（4月11日）

2013年　経済産業大臣：茂木敏充氏
1. エネルギーを巡る問題を世界の過去事例から考察
2. 東日本大震災により日本のエネルギー政策をゼロベースから見直し

2012年　経済産業大臣：枝野幸男氏
1. 東日本大震災、東京電力福島第一原子力発電所事故で明らかになった課題の洗い出し
2. 東日本大震災、東京電力福島第一原子力発電所事故後に講じたエネルギーに関する主な施策の策定
3. 東京電力福島第一原子力発電所事故関連の取り組み
4. 東日本大震災、東京電力福島第一原子力発電所事故を踏まえたエネルギー政策の見直し

2011年　経済産業大臣：枝野幸男氏
　　1．東日本大震災によるエネルギーを巡る課題と対応
　　2．国際エネルギー市場を巡る近年の潮流の考察
　　3．今後の我が国エネルギー政策の検討の方向性を策定

2010年　経済産業大臣：直嶋正行氏
　　1．各国のエネルギー安全保障の定量評価による国際比較
　　2．再生可能エネルギーの導入動向と今後の導入拡大に向け
　　　た取り組み

2009年　経済産業大臣：二階俊博氏
　　1．原油価格騰落の要因と影響の分析
　　2．地球温暖化問題への対応

2008年　経済産業大臣：甘利明氏
　　1．原油価格高騰の要因及びエネルギー需給への影響の分析
　　2．地球温暖化問題解決に向けた対応

2007年　経済産業大臣：甘利明氏
　　1．原油高に対する我が国の耐性強化とエネルギー政策の策定
　　2．エネルギーを巡る環境変化と各国の対応の考察
　　3．グローバルな視点に立った我が国のエネルギー政策を策定

2006年　経済産業大臣：二階俊博氏
　　1．エネルギーを巡る課題と対応方針の策定
　　2．1の具体的取り組み

エネルギー白書2015の
「課題分析」の要点

　エネルギー白書2015の課題分析の要点を見ていきましょう。

1. シェール革命と世界のエネルギー事情の変化について

　アメリカのシェール・ガス、シェール・オイルの生産が本格化の段階に入ったことから、サウジアラビアなど、中東の産油国が警戒感を強めている。ロシア、アルゼンチンも参入の気配。これは国際石油・天然ガス市場に多くの変革をもたらすもので、「シェール革命」と呼ばれる。日本のエネルギー安全保障にも大きな影響があり、これからの電力供給体制の確保にプラスとなると見られている。

　なお、オイルシェールはケロジェン[注52]（油母）のこと。シェール・ガスの主な埋蔵地はアメリカ、カナダ、オーストラリア、中国など。

　シェール・オイルを含むタイトオイル[注53]の主な埋蔵地はアメリカ、ロシア、中国、アルゼンチン、リビア、メキシコなどとなる。シェール・ガスのコスト展開は、原油価格・天然ガス価格の高騰によって可能となった。従来の天然ガスは約1ドル10^6BTU（ビーティーユー：ヤード・ポンド法の熱量単位）であるのに対し、シェール・ガスのコストはその数倍の3〜8ドル／10^6BTUとされる。一方、2005年のアメリカの天然ガスは8〜9ドル／10^6BTUとなった。

　アメリカは、これによって、世界最大の石油・天然ガスの生産国となった。2020年には、天然ガスの輸出量から輸入量を差し引いたネットベースでの輸出国になるだろう。また、原油の禁輸解禁も議論する動きがある。2014年には、日量で約800万bbl（バレル）を輸入しているが、国内生産量が輸入量を上回ることになる。主な輸入先はカナダ、サウジアラビア、メキシコ、ベネズエラとなる。

　関連して、火力発電の原料転換が進んでいる。石炭から天然ガスへの転換から、アメリカの石炭輸出圧力は強まるだろう。2040年のアメリカの電源構成は、天然ガス35％、石炭32％、原子力

16%、水力を含む再生可能エネルギー 16% となる予定。「シェール革命」でアメリカ工業の競争力は高まるが、原油価格の動向によっては優位性の基盤が緩む懸念が残っている。

2. 東日本大震災、東京電力福島第一原子力発電所事故への対応

中長期ロードマップ（「東京電力（株）福島第一原子力発電所の廃止措置等に向けた中長期ロードマップ（案）」）は 2015 年 6 月、以下のように改訂された。

1. リスク低減の重視
2. マイルストーンの明確化
3. 徹底した情報公開を通じた地元との信頼関係の強化等
4. 作業員の被ばく線量のさらなる低減・労働安全衛生管理体制の強化
5. 原子力損害賠償・廃炉等支援機構（廃炉技術戦略の司令塔）の強化。最終処理の目標は 2022 年

3. 不安定が高まるエネルギーコストへの対応

電力会社の燃料費は 7 兆円を超えている。10 年前は 3 兆円を下回っていた。家計の電気代は月額で 1 万を超える。そこで、2016 年をめどに、発送電分離を含め、電力自由化を進めて、対応する。一方、2030 年には、電源構成を LNG27%、石炭 26%、原子力 22%、再生可能エネルギー 22%、石油 3% とする。再生可能エネルギーについては水力 9%、太陽光 7%、バイオマス 4%、風力 2% あたりを目指す。

日本のエネルギー資源に関わる国々

　アラブ首長国連邦（UAE）：1971年に建国された、アブダビ（人口、約66万人）、ドバイ（人口、約200万人）など七つの首長国の連合体。面積は約8万km²。ドバイは国際物流の中心地。インドなどからの定住者の数が増えている。

　インドネシア共和国：ジャワ島、スマトラ島、カリマンタン島、スラウェシ島、ニューギニア島西部、バリ島、マラッカ海峡などからなる。人口、約2億5千万人。面積、約170万km²。1945年に独立。2002年に同国から東ティモールが独立した。東南アジアの独立の流れを確認したバンドン（中部ジャワ州にある都市）会議は有名。ヒンズー文化のバリ島以外は、ムスリム商人との交流からイスラーム教徒が多い。

　オーストラリア：1770年、クックの上陸でイギリス領とされる。1901年、植民諸州を統合し、連邦とする。元首は英国王。執行責任者はオーストラリア国民から任命された総督となる。人口、約2300万人。面積は約770万km²。かつては白豪主義を採用。

　カザフスタン共和国：ウズベク人から分派した、カザフ・ハン国が大本。人口、約1600万人。面積、約270万km²。清朝、ロシア、ソ連と支配が続き、1991年に独立国家となる。以降、ヌルスルタン・ナザルバエフが2016年現在まで、長期政権を維持している。

　カタール国：サウジアラビアから陸続きの半島であり、古くからの交易港に立地。1971年に、イギリスの保護領から独立。面積、約1万km²。人口は約200万人。スンニ・ワッハーブが多くを占める。首都は「ドーハの悲劇」でおなじみのドーハ（人口、約80万人）。

カナダ：先住民の言葉で村落を意味する Kanata が語源といわれている。イギリスとフランスの争奪戦の末、1867 年にイギリス支配下の連邦政府（自治領）となる。1926 年、イギリスによって主権国家と認められる。1982 年、自主憲法を施行。人口、約 3500 万人。面積、約 1000 万 km^2。英仏両言語を公用語とする。

　サウジアラビア王国：サウード一族のアラビアを意味する。スンニ・ワッハーブの本拠。1932 年に王権を確立。メッカ、メディナを差配する。1938 年、油田が発見される。

　ブラジル連邦共和国：シンボルの樹、ブラジル・スオウから命名。1889 年に共和国となる。人口、約 2 億人。面積、約 850 万 km^2。人種構成は、白人 48%、混血 43%。

　マレーシア：マレーの国の意。古くインドの植民地で山の土地（マレー）と呼ばれた。ポルトガル、オランダ、イギリスと続く支配のあと、1957 年に独立。人口、約 3000 万人。面積、約 33 万 km^2。

　ロシア連邦：バイキングの漕ぎ手たちを意味するルーシが語源。ロシア帝国、ソ連から 1991 年にロシア連邦となる。人口、約 1 億 4 千万人。面積、約 1700 万 km^2。CIS（独立国家共同体）を率いる。

　アメリカ合衆国：ユナイテッド・ステーツ・オブ・アメリカはアメリカ・ステーツ連合の意。1776 年独立。「アメリカ」はドイツの地理学者がイタリアの探検家の名から命名したといわれる。面積、約 1000 万 km^2。人口、約 3 億人。そのうち、カリフォルニア州に約 4000 万人、テキサス州に約 2700 万人、ニューヨーク州、フロリダ州に各約 2000 万人、首都・ワシントンは約 70 万人となる。

エネルギーを考える数字①
：世界における日本の立ち位置

世界の面積と人口

国名	面積（km^2）	人口（人）
日本	約 38 万	約 1 億 2600 万
フランス	約 64 万	約 6700 万
ドイツ	約 36 万	約 8200 万
イタリア	約 30 万	約 6100 万
イギリス	約 24 万	約 6400 万

世界の排他的経済水域（EEZ）

国名	面積（km^2）
日本	約 400 万
アメリカ	約 800 万
オーストラリア	約 700 万
インドネシア	約 500 万
ロシア	約 500 万
ブラジル	約 300 万
メキシコ	約 300 万
イギリス	約 200 万

世界の海岸線の長さ

国名	長さ（km）
日本	約 9,000
ロシア	約 43,000
インドネシア	約 37,000
オーストラリア	約 28,000
アメリカ	約 20,000
フィリピン	約 13,000
メキシコ	約 9,000
中国	約 7,000
ブラジル	約 7,000

世界の貿易

国名	輸出入総額 （ドル）
日本	約 1.5 兆
中国	約 4 兆
アメリカ	約 4 兆
ドイツ	約 3 兆
フランス	約 1.2 兆
イギリス	約 1.1 兆
韓国	約 1.1 兆
ロシア	約 0.8 兆
インド	約 0.8 兆
シンガポール	約 0.8 兆
スペイン	約 0.7 兆
アラブ首長国連邦（UAE）	約 0.6 兆
台湾	約 0.6 兆
サウジアラビア	約 0.5 兆
オーストラリア	約 0.5 兆
ブラジル	約 0.5 兆
タイ	約 0.5 兆
世界全体	約 40 兆 （輸出・輸入額ともに約 19 兆）

村田良平『海が日本の将来を決める』（成山堂書店）を参照

エネルギーを考える数字②
:換算表など

エネルギー換算表:

1bbl(バレル)=159ℓ

1kℓ coe(原油換算キロリットル)

$=3.67 \times 10^7 \text{BTU}=3.87 \times 10^4 \text{MJ}$

$=1.08 \times 10^4 \text{kWh}=9.25 \times 10^6 \text{kcal}$

$=0.925 \text{TOE}$(石油換算トン)

エネルギーごとの発熱量(kcal):

エネルギー名	発熱量 (kcal)
原油(1ℓあたり)	9,145
天然ガス(1kgあたり)	13,141
石炭(1kgあたり) ※一般炭	6,203
電力(1kWhあたり) ※熱効率41%	2,074

注釈一覧

注1【太陽の輻射総量】太陽が放射する熱の総量。P26

注2【潮差発電】潮位を利用して行う水力発電の一種。満潮時には堰を開放し湾内に海水を導入し、干潮時には堰を閉鎖し海水をタービンに導入することで、タービンの回転力を利用して発電機を回す発電のこと。P32

注3【ナフサ】原油を常圧蒸留装置によって蒸留分離して得られる製品のうち沸点範囲がおおむね30〜180℃のもの。粗製ガソリン。直留ガソリン。P32

注4【テイク・オア・ペイ条項】LNG契約における引き取り下限数量を定めた条項。LNG買主による引き取り数量がLNG契約書中に規定する数量に買主側の理由で不足した場合、LNG買主は実際にはLNGを引き取らなくても、その分の品物代を支払わなければならないとする規定。P36

注5【ケロシン】石油の分留成分の一つ。灯油、ジェット燃料、ケロシン系ロケット燃料などの石油製品の主成分である。P40

注6【ウクライナ問題】東西に分裂したウクライナで紛争が勃発する中、ロシアがクリミア半島に軍事介入した。その結果、クリミア半島は共和国としてウクライナから完全独立。ロシア連邦の一国として、ロシアに編入した。その後もウクライナでは武力闘争が続いたが、2015年2月15日、ロシア、ウクライナ、ドイツ、フランス4国の首脳会議にて停戦協定が施行された。P41

注7【サハリン・プロジェクト】ロシア連邦サハリン州で行われている油田、天然ガス田の開発プロジェクト。1990年代から生産プラント、パイプラインなどの建設が進められている。P42

注8【生石灰法】脱水汚泥に生石灰を混合し、その反応熱により水分を蒸発させ、石灰とともに下水汚泥をセメントの原料とする方法。P48

注9【バラスト】船底に積んで、船を安定させるための重量物。P54

注10【モサデク】イランの民族主義者、政治家。1949年に、イギリスから石油利権の奪還を目指す政党「国民戦線」を結成し、イギリスからの完全独立を主張した。1951年にイラン首相となり、石油国有化政策を行うが、1953年に国王派軍人のクーデターにより失脚。（1882～1967）P56

注11【サジ・カルノー】フランスの軍人、物理学者、技術者。蒸気機関の熱効率について「カルノー定理」を証明する。この定理は、現代の理論では否定されているが、熱から仕事を生み出すには熱を供給する高温の熱源のほかに、熱を取り去る低温の熱源も必要だと論じ、熱力学の解明に大きく貢献した。（1796～1832）P70

注12【エントロピー】熱力学において、物体や熱の混合度合いのこと。「乱雑さ」とも呼ばれる。P70

注13【ニューコメン】イギリスの発明家、企業家。蒸気機関を、鉱山の排水用に改良することで、世界で初めて商売として成立させた。（1664～1729）P72

注14【オットー】ドイツの発明家。4サイクル機関を開発することで、蒸気機関が主流だった1870年代に、安定かつ高効率のガソリンエンジンの実用化に成功した。（1832～1891）P72

注15【スターリングエンジン】1816年、スコットランドの牧師であり発明家のロバート・スターリングによって発明されたエンジン。シリンダー内のガス（または空気等）を外部から加熱・冷却し、体積を変化させることで、エネルギーを得る外燃機関。P72

注16【オットー・サイクル】石炭ガスを用いた、最初の実用的なガス機関（火炎点火式）を製作したドイツのオットーにちなんで名付けられた、ガスエンジンの理論サイクル。通常のガスエンジンの動作を最も理想化したモデルといわれている。P72

注17 **【ロケット号】** イギリスの土木技術者、ロバート・スティーブンソンが設計した蒸気機関車。世界初の旅客鉄道であるリバプール・アンド・マンチェスター鉄道に採用された。P73

注18 **【キューポラの街】** キューポラとは鉄の溶解炉のこと。かつて埼玉県川口市は鋳物産業が盛んで、1962年に公開された映画『キューポラのある街』の舞台ともなった。P82

注19 **【蒸留】** 混合物を一度蒸発させ、再び凝縮させることで、沸点の異なる成分を分離・濃縮すること。P84

注20 **【水素化脱硫】** 水素を利用して各種の石油留分を精製することで、硫黄、窒素、酸素、金属などの不純物を含む化合物などを分解すること。P84

注21 **【接触改質】** 主に石油精製において原油を蒸留することで、オクタン価（自己着火のしにくさ）が高い改質ガスを製造するプロセス。リフォーミング (reforming)。P84

注22 **【減圧蒸留】** 大気圧よりも低い圧力のもとで行う蒸留。沸点が低くなるので比較的低温で蒸留ができる。真空蒸留。P84

注23 **【間接脱硫】** 常圧残油を減圧蒸留装置で処理して減圧軽油と減圧残油に分け、減圧軽油のみを水素化脱硫したあと、減圧残油を混合することで、製品としての重油の硫黄含有量を間接的に下げること。P84

注24 **【流動接触分解】** 石油精製において、分子の大きい重油留分を、500℃以上の流動層状態の触媒の作用によって分解し、低沸点の炭化水素に分解するプロセス。P84

注25 **【熱分解】** 有機化合物などを酸素やハロゲンなどを存在させずに加熱することによって行われる化学分解。P84

注26 **【分解油水添脱硫】** 重質油から硫黄分を取り除くこと。P84

注27 **【オフガス】** 製品として出荷される以外に未利用のまま放出されるガス。P84

注28【回収硫黄】石油から産出した硫黄のこと。海外では、天然ガスから産出した硫黄を含むこともある。P84

注29【連産品】同一工程において同一原料から生産される２種以上の製品。中でも、主副の関係を明確に区別できないものをいう。P84

注30【沈黙の春】1962年に出版された、レイチェル・カーソンの著書。DDTをはじめとする農薬などの化学物質の危険性を訴えた、世界的ベストセラー作品。P89

注31【潜在水硬性】水を混ぜただけでは硬化しないが、刺激剤と呼ばれる少量の物質を混ぜると硬化し、難溶性の水和物に変わる性質。P90

注32【高炉スラグ】スラグは鉄鉱石から金属を取り出す際などに、溶融・還元によって分離した岩石の中に含まれる鉱物種などを含む物質。高炉スラグは、高炉で鉄鉱石を溶融・還元する際に発生するスラグを指す。P90

注33【アスプデイン】イギリスのセメント製造業者。1824年10月21日にポルトランドセメントの特許を取得した。（1778～1855）P90

注34【ライムライト】1952年に製作された、チャールズ・チャップリン監督のアメリカ映画。イギリスNo.1といわれた道化師・カルヴェロとバレリーナ・テリーの恋物語。P92

注35【エジソンとテスラの攻防】1880年代後半の電力事業の黎明期に、送電システムの違いによりトーマス・エジソンとニコラ・テスラ陣営との間に発生した軋轢のこと。電流戦争。P104

注36【気泡性】泡立ちやすい性質。P110

注37【流動床】上向きに流体を噴出させることによって、水に溶けない固体粒子を流体中に浮遊させ、水を濁らせること。P110

注38 **【無酸素炭化】**無酸素の中、450 ～ 600℃で有機物を熱分解し、炭化物、液状成分、ガス成分に分離すること。P110

注39 **【高温挙動】** 高温に触れた際に起こる現象。P110

注40 **【乾溜過程】** 空気を遮断して固体有機物を加熱分解し、留出物と残留物に分離すること。P110

注41 **【ディーゼル・サイクル】** 大型のディーゼル機関の基本的な熱力学サイクル。最初の圧縮着火機関を考案し実用化したドイツのディーゼルにちなんでディーゼル・サイクルと呼ばれる。P122

注42 **【揮成分】** 揮発性の成分。P122

注43 **【水蒸気改質法】** 炭化水素や石炭を高温下で水蒸気と反応させて水素または合成ガス（一酸化炭素と水素の混合ガス）を製造する方法。水蒸気変成法ともいう。P125

注44 **【ビッグバン理論】** 138億年前に起きた膨張により、現在の宇宙は誕生したという説。イギリスの天文学者、フレッド・ホイルにより名付けられた。P130

注45 **【ベビー・ユニバース論】** ビッグバン理論とは異なり、宇宙の小さな一点からベビー・ユニバースが起こり、そのベビー・ユニバースがさらなるベビー・ユニバースを生むことで宇宙は拡大したという理論。宇宙は一つではなく、無限にあり得るという考え方を根底にしている。P130

注46 **【ひも理論】** 1970年に提唱された、万物の根源である素粒子は0次元の点ではなく、1次元のひもであるという理論。ブラックホールのエントロピーの公式の説明に用いられたことで、信頼性が高くなった。P130

注47 **【ハッブル定数】** 現在の宇宙の膨張速度を表す定数。一般にハッブル定数はH_0で表され、現在の宇宙の年齢や大きさを求める際に用いられる。P130

注48【**同期軌道**】自転周期と公転周期が同一になる軌道。地球に対して使われることが多いが、実際はすべての天体が有している。P131

注49【**H-II ロケット**】宇宙開発事業団（NASDA）と三菱重工が開発した、人工衛星打ち上げ用ロケット。1994 年に第 1 号機の打ち上げに成功した。P131

注50【**静止トランスファー軌道**】ロケット打ち上げにおいて、一気に軌道高度が高い静止軌道にのせることは困難なため、その手前で一時的に投入される軌道。P131

注51【**LEO 帯**】高度 400 m以下の低軌道。スペースシャトルなどの有人宇宙船が飛行している。P131

注52【**ケロジェン**】堆積岩、特に泥質堆積物中に含まれる不溶性の有機物。生き物の死骸が海底や湖底に堆積したのち、ケロジェンを経て、石油になったという説が現在最も支持されている。P144

注53【**タイトオイル**】頁岩層や砂岩層など高密度の岩盤層から採取される原油の総称。P144

参考文献

『平成27年度エネルギーに関する年次報告』（エネルギー白書2016）
『平成26年度エネルギーに関する年次報告』（エネルギー白書2015）
『新しい高校地学の教科書』 著：杵島正洋、松本直記、左巻健男（講談社）
『新しい高校物理の教科書』 著：山本明利、左巻健男（講談社）
『新しい高校化学の教科書』 著：左巻健男（講談社）
『エネルギー政策の歩みと展望』 編集：資源エネルギー庁（通商産業調査会）
『化学の技術史』 著：加藤邦興（オーム社）
『環境年表』 編集：国立天文台（丸善出版）
『国際化学産業史』 著：フレッド・アフタリオン 訳：柳田博明（日経サイエンス社）
『国際石油産業』 著：浜渦哲雄（日本経済評論社）
『知っておきたい 最新科学の基本用語』 著：左巻健男（技術評論社）
『エピソードで読む 自動車を生んだ化学の歴史』 著：井沢省吾（秀和システム）
『シルクロードと綿』 著：奥村正二（築地書館）
『資本主義の世界史』 著：ミシェル・ボー 訳：筆宝康之、勝俣誠（藤原書店）
『石油年表』 編集：NPO法人エネルギー・環境・文化国際協力協会（石油連盟）
『石油の帝国』 著：スティーブ・コール 訳：森義雅（ダイヤモンド社）
『戦後日本の省エネルギー史』 著：加治木紳哉 監修：杉山大志（エネルギー
フォーラム）
『大災害の理科知識Q&A250』 編集：左巻健男、「RikaTan」編集部（新潮社）
『鉄の科学史』 著：初山高仁（東北大学出版会）
『鉄の文明』 著：大橋周治（岩波書店）
『動力の歴史』 著：富塚清（三樹書房）
『トコトンやさしい石油の本』 編著：難波正義、井原博之、島村常男、箭内克
俊 監修：藤田和男（日刊工業新聞社）
『日本の機械遺産』 編著：前田清志（オーム社）
『百万人の電気技術史』 著：高橋雄造（工業調査会）
『ライトの遺言』 著：フランク・ロイド・ライト 訳：谷川正己、谷川睦子
（彰国社）
『わが国の石油産業100年の歩み』 監修：土屋壽久（石油グラフ社）
『At Work With Thomas Edison』 著：Blaine McCormick（Entrepreneur
Press）
『EDMCエネルギー・経済統計要覧〈2015〉』 編集：日本エネルギー経済研究
所計量分析ユニット（省エネルギーセンター）
『EDMCエネルギー・経済統計要覧〈2016〉』 編集：日本エネルギー経済研究
所計量分析ユニット（省エネルギーセンター）
『電気事業便覧 平成27年版』 著：一般社団法人日本電気協会 編集：電気事
業連合会統計委員会（日本電気協会）
『近代技術と社会』 著：種田明（山川出版社）
『東南アジアのエネルギー』 著：武石礼司（文眞堂）

プロフィール

エネルギー・エコノミスト
サイエンス・コミュニケーター
箭内克寿（やない・かつとし）

1939年、東京都生まれ。福島県に転居後、三春小学校に入学し、終戦を迎える。ラジオ工作に熱中する子ども時代を送る。学習院大学卒業後、日本輸出入銀行（現：国際協力銀行）に入行し、発展途上国を中心に海外と日本の経済協力をサポートするため、世界各国を飛び回る。主にスタッフ部門（研究所、審査部、管理部など）に勤務。次いで、日中石油開発株式会社にて、中国（渤海湾）での石油開発に従事(監査役)。のち、箭内産技研を創業。ジェトロ（日本貿易振興機構）など政府機関の経済翻訳を行う。

所属団体：産業考古学会（理事）、NPO法人エネルギー・環境・文化国際協力協会（理事）、SAMA企画『RikaTan（理科の探検）』誌（編集委員）、科学読物研究会（前監事）、国際問題研究会（唐沢元立命館大学教授主宰、会員）、早稲田サポーターズ倶楽部（賛助員）、東京経済大学大倉記念学芸振興会（終身会員）、学校法人学習院（賛助会員）、NPO法人国際社会貢献センター（登録日本語教師）、全国コーディネート活動ネットワーク（文部科学省産学官連携支援事業、登録・産学官連携コーディネーター）、東京福島県人会（常務理事）、世田谷法人会（理事）、東京商工会議所（世田谷支部）

絵で見る日本のエネルギー
エネペディア

2016年7月7日　　初版発行

著　者　　　箭内克寿
イラスト　　堀川さゆり
発行者　　　青木誠一郎
発行所　　　株式会社みらいパブリッシング
　　　　　　〒162 − 0833
　　　　　　東京都新宿区箪笥町31番 箪笥町SKビル3F
　　　　　　電 話 03-6265-0199　　FAX03-3235-2203
　　　　　　http://miraipub.jp
　　　　　　E-mail : info@miraipub.jp
発売所　　　星雲社
　　　　　　〒112 − 0012
　　　　　　東京都文京区大塚 3-21-10
　　　　　　電 話 03-3947-1021　　FAX03-3947-1617
印刷・製本所　日本ハイコム株式会社
企画協力　　城村典子
編　集　　　三村真佑美
制作・装幀　ポエムピース